학교 만드는 **사회** 사회 만드는 **학교**

현장 교육학개론

학교 만드는 **사회**
사회 만드는 **학교**

엄 상 현

NOSVOS

들어가기

이 책은 필자가 강의하고 있는 교직 과목인 '교육학개론'과 교양 강좌인 '인간의 욕구와 교육' 두 강좌의 강의 내용을 기초로 구성되었다. 그래서 자연스럽게 이 책의 1차적인 독자는 교육과 교육학에 관심이 있는 학생들이다. 그러나 이론 중심으로 구성되어 있는 일반적인 대학 교재와 달리 이 책은 우리나라 교육과 사회에 대한 실제 상황을 바탕으로 이야기를 전개하고 있기 때문에 우리 교육에 관심이 있는 누구든지 읽고 필자의 생각에 공감과 비판을 나눌 수 있기를 기대한다.

차례에 따른 내용

제1부에서는 우리 교육의 위기 현상을 확인한다. 학생들은 국가 교육과정이 추구하고 있는 바람직한 인간상을 구현하는 데 요구되는 인성과 사고력이 미흡하고, 시험 성적을 높이기 위해 획득한 지식마저도 양극화의 덫에 빠져 있음을 구체적으로 확인해본다. 실제로 인성과 사고력 수준이 낮은지, 얼마나 낮은지도 확인해 본다. 이런 공교육 붕괴 현상의 원인을 주입식 암기 교육 탓이라 진단한다. 일부 독자들에게는 불필요한 정보일 수 있지만, 교육학에 입문하는 대학생이나 대학원생들, 그리고 이 주제에 대하여 익숙하지 않은 독자들을 위한 정보이다.

제2부에서는 우리 사회 구성원들의 행동을 통해 드러나는 문화적 특징에 대해 확인한다. 우리 사회에 만연해 있는 부를 추구하는 물질주의와 인맥을 추구하는 관계주의가 합리적으로 이해되는 수준을 넘어서는 현상과 높은 교육열을 확인한다. 이런 특성들이 교육의 본질 추구를 방해하고, 교육을 부와 인맥을 획득하고자 하는 사회적 욕구의 수단으로 전락시키고 있다고 진단한다. 교육의 이러한 도구화로 인하여 공교육의 위기 상황과 부와 인맥을 추구하는 사회 문화가 악순환을 반복하고 있다고 설명한다.

제3부에서는 이러한 교육 현상과 사회 현상을 매슬로의 동기이론을 적용하여 재해석한다. 물질과 관계를 추구하는 사

회 구성원들의 결핍 욕구가 강화된 결과로 공교육 위기 현상과 사회문제가 발생하게 됨을 확인한다. 궁극적으로 인성과 사고력을 진작시키고 교육의 양극화를 해소하는 대안은 아이들의 자기 실현 욕구, 성장 욕구를 강화하는 것임을 이해하고자 한다. 이를 위해서는 주입식 암기 교육을 포기하고 자기 주도적 참여 학습을 확대 강화해야 한다는 기존의 주장이 올바르고 유일한 대안임을 다시 확인한다.

제4부에서는 교육 문제와 인과론적으로 연결되는 사회 문제로 규정된 과도한 물질주의와 관계주의의 원인 규명을 시도한다. 이런 행동 특성이 왜 다른 사회와는 다르게 기존의 논리로는 설명할 수 없는지 확인하기 위하여 합리적 사고의 틀 바깥에 대하여 설명하는 무의식이론에 기초한다. 부와 지위, 인간관계에 왜 이토록 집착하는지, 이것들의 부재와 부족에 대하여 우리 사회가 왜 이토록 불안해하는지를 설명해줄 것으로 기대되는 가설 모형을 설정하고 검증을 시도해 본다. 사회문제 해결을 위한 선행 조건으로 우리 자신에 대한 보다 깊은 이해가 필요함을 확인한다.

이 이야기를 하는 목적

우리 교육은 참으로 문제가 많다. 아이를 낳지 않는 이유 중의 하나가 자녀 교육의 어려움 때문이라는 분석도 있다. 국내에서는 학교에 가기 싫어하는 아이들이 외국에 가서는 학교에 가고 싶어 한다고도 한다. 이런 상황을 유발하는 우리 교육 문제의 핵심은 무엇인가? 이런 문제 교육을 낳는 우리 사회는 또 어떤 사회인가? 한국 사람은 어떤 사람들인가? 이런 질문에 대하여 답을 찾아보고자 하였다.

사람의 특성은 유전과 환경에 의해 결정된다. 현생 인류의 종인 호모 사피엔스가 아프리카에서 발생하여 지구상의 각 대륙으로 흩어져 지금과 같이 서로 다른 모습과 상태로 살고 있다. 그렇다면 인종 간에 서로 공유하고 있지 않은 어떤 유전적 특성은 결국엔 수천, 수만, 수십만 년의 긴 세월 동안의 환경에 의해 만들어지는 것이라고 추측해 볼 수 있다. 어떤 환경이 사람들의 차이를 만들고 사회의 차이를 만드는 것일까? 자연을 제외한다면 환경을 형성하는 주된 요소는 가정, 사회 그리고 학교가 된다. 그 중에서도 가장 공적이고 체계적인 환경이 학교에서 제공하는 교육이다. 적어도 그렇기를 기대한다. 어떤 환경이 제공되느냐, 어떤 교육적 경험을 하게 되느냐에 따라 우리 아이들이, 우리 자신이, 우리 아이들의 삶이, 우리의 삶이 달라진다.

매슬로(Abraham H. Maslow, 1908~1970)는 인간이라는 종(種)으로 태어나 인간으로 살아간다는 것은 인간이 되어간다는 의미로 정의되어야 한다고 한다. 이런 의미에서 아이들은 잠재적으로만 인간이며 사회, 문화, 가족 안에서 인간으로 성장해 가야하는 존재라고 말한다. 어떤 환경에 놓이느냐에 따라, 어떤 교육을 받느냐에 따라 어떤 인간이 되느냐가 결정된다. 매슬로의 개념으로 보면 인간이 되느냐, 되지 못하느냐가 결정된다.

우리는 더 나은 삶, 더 행복한 삶을 살기를 원한다. 우리 아이들이 더 나은 삶, 더 행복한 삶을 살기를 바란다. 어떤 삶이 인간다운 삶인가? 우리에게 어떤 환경이 필요한가? 우리 아이들에게 어떤 환경을, 어떤 교육을 제공해 주어야 이들의 삶이 행복해질까? 이 책은 사람이 사람으로 태어나 사람답게 살아가기 위한 방법으로서의 교육에 대한 이야기를 하고자 한다. 그런 교육을 위하여 왜 그리고 무엇을 하여야 하는가에 대한 이야기를 하고자 한다.

이 책을 통해 독자들과 우선적으로 공유하고 싶은 생각은 두 가지가 있다. 첫 번째는 학교와 사회가 별개로 작동되지 않는다는 것이다. 한 사회의 문화와 풍토가 학교에 그대로 전달되어 교육이 이루어지고, 그 교육을 받고 자란 학생들이 사회로 나와 다시 기존의 문화와 풍토를 드러내는 순환 과정을 반복한다. 사회는 어두워도 학교만이라도 밝게 하라는 주장은 옳은 것이긴 하나 과학적이지 않기 때문에 현실적이지 않다. 학교 교육의 변화를 추구하기 위해서는 학교 자체만으로는 불가능하다는 점을 이해하고 받아들여야 한다. 학교와 전체 사회가 동시에 변화를 추구해야 사회가 원하는 그리고 학교가 의도하는 교육의 목적을 달성할 수 있다.

두 번째는 사회와 교육에서 확인되는 행동 특성, 문화와 풍토는 그 구성원들의 심리적 욕구에 기초해서 만들어지고, 교육이란 인간의 욕구 구조를 변화시키려는 활동임을 이해하는 것이다. 그리고 교육의 이런 목적은 기존의 교육과정을 정상적으로 운영함으로써 달성될 수 있다는 교육계의 참으로 오래된 주장을 다시 확인할 필요가 있다. 그것이 여전히 유일하고 절대적인 대안이라 생각하기 때문이다.

인간의 행동은 인간 심리의 기저에 있는 욕구에 의해 결정된다. 욕구가 행동의 유일한 원인 요소는 아니지만 가장 근본적이면서 가장 영향력이 크다. 그래서 사람들의 행동 특성의 원인을 이해하고, 그 행동 특성에 어떤 변화를 추구하고자 한다면, 사람들의 심리적 기저에 어떤 욕구가 있는지를 이해하고 그 욕구를 변화시킬 필요가 있다. 인간의 욕구는 인간의 다른 특성과 마찬가지로 유전과 환경에 의해 결정된다. 이 과정에서 교육은 가장 체계적이고 강력한 환경 요소가 된다. 오래되었으나 실천되지 않고 있는 이 주장을 동기이론에 기초하여 다시 정당화하고자 하였다.

감사 인사

그동안 출판하는 과정에서 지루한 초고를 읽고 원고 수정에 도움 의견을 주신 교수님들, 교육대학원 학생들, 친구들과 가족들에게 진심으로 고마움을 전한다. 그리고 졸고를 기꺼이 출판해 주신 단국대학교와 출판부 여러분들께 무한한 감사를 드린다.

차례

제1부 공교육의 위기

교육이란 지 · 덕 · 체를 함양하는 활동이다. 그런 의미에서 지 · 덕 · 체가 균형 있게 발달하도록 도우는 활동을 전인교육이라 한다. 이와 같은 내용으로 교육심리학에서 아동들의 특성을 크게 세 가지로 유형화해서 설명하고 있다. '인지적 특성', '정의적 특성', '심동적 특성'으로 구분한다. 그 사람은 어떤 사람인가? 이런 저런 학교를 다니면서 성적은 보통 수준이었는데 국어 과목에서 특히 평균 이상의 성취를 보였고(인지적 특성), 성격은 그리 모나지 않지만 조금은 자기중심적으로 행동하고(정의적 특성), 운동보다는 음악에 흥미가 있어 학교 다닐 때도 기악반 동아리에서 활동하였고 지금도 섹소폰을 수준급으로 불고 있다(심동적 특성).

'인지적 특성'이란 어떤 영역에서 얼마나 똑똑한 가에 대한 것이다. 신체적으로 머리에 해당되는 부분이다. '정의적 특성'이란 성격, 정서, 도덕성 등에 대한 것이다. 보통 인성이라고 부르는 것에 해당된다. 얼마나 착한가, 의지가 강한가, 올바른 생각과 행동을 하는 가 등에 대한 것이다. 마음에 대한, 신체적으로 가슴과 연결된다고 이해하지만 딱히 구체적인 부분을 지정하기 어렵다. '심동적 특성'이란 심리와 연관된 특별한 신체적 동작을 말한다. 얼마나 연기를 잘 하는가, 얼마나 기타를 잘 치는가, 축구를 잘 하는가 등에 해당된다. 주로 손과 팔, 발과 다리에 해당되겠지만 신체 전반에 해당된다고 볼 수 있겠다. 인간은 이런 특성으로 구성되어 있고, 설명될 수 있고, 교육은 이런 특성들을 잘 발달시키기 위해 하는 활동이다. 쉽게 말하면, 교육을 통해서 아이들을 '인지적'으로 좀 더 똑똑해지게 하고, '정의적'으로 좀 더 착한 사람이 되게 하고, '심동적'으로 무엇인가이든 좀 더 잘하는 사람이 되도록 가르치려고 노력한다. 이런 모든 특성들이 잘 길러진 사람을 지 · 덕 · 체가 균형 있게 발달한 사람이라 부른다.

교육을, 교육의 목적을 이렇게 이해한다면 공교육[1]의 위기란 무엇을 의미하는 것인가? 교육의 목적, 아이들의 지 · 덕 · 체를 균형 있게 발달시키는 것, 인지적으로, 정의적으로, 심동적으로 더욱 긍정적으로 발달해 가게 하는 것, 좀 더 똑똑해지고, 착해지고, 무엇인가를 잘하게 하는 것, 이 일들이 잘 이루어지고 있지 않다는 의미로 해석할 수 있다. 이러한 교육 목적의 달성이 거의 불가능한, 거의 실패하고 있는 상황을 공교육의 위기 또는 붕괴라 부르고 있다. 이 상황을 우리가 일반적으로 지적하고 있는 현실 교육 문제 현상차원에서, 교육의 내부적 측면인 '인성 교육의 위기'와 '사고력 교육의 위기'로, 교육의 외부 사회적 측면인 '교육 기회 균등의 위기'로 나누어 구체적으로 확인해보자.

---

1) 공(公)교육이란 무엇을 지칭하는가? 우선적으로 학원 수강이나 과외 수업 등으로 이루어지는 사(私)교육과 대응되는 개념으로 이해한다. 지(知) · 덕(德) · 체(體)라는 인간의 세 가지 특성을 바람직한 방향으로 변화시키는 것이 교육이라면, 교육은 공간적으로 보면 가정에서도, 학교에서도, 가정과 학교가 아닌 바깥 사회에서도 이루어진다. 그래서 교육이 이루어지는 영역에 따라 가정교육, 학교교육, 사회교육으로 구분한다. 지금 시작하고 있는 우리의 교육 이야기는 이 세 가지 공간에서 일어나는 모든 교육적 현상과 관련이 있지만 주로 초점은 학교교육에 있다. 그래서 이 글에서는 공교육을 학교교육으로 이해하고자 한다.

1. 인성 교육의 위기

자기를 벌레로 생각하는 아이

어느 해인가 한국교육방송의 어느 프로그램에서 진행된 상황이다. 한 어머니가 딸아이의 문제 해결을 위해 상담을 요청하여 진행되고 있었다. 어머니는 울면서 자기 딸의 문제에 대하여 이야기하고 있다. 엄마는 딸이 늦게까지 자고 게으름 피우며 공부도 열심히 안하는 것을 나무라며 "일찍 일어나는 새가 벌레도 잘 잡아먹는다"고 말하며 딸을 설득하려고 했다. 그런데 딸은 "난 그런 것이 싫어! 왜 벌레는 잡아먹혀야 해?!" 하며 오히려 짜증을 부리며 대든다고 한다. 엄마는 이러한 상황에 대해 무력감을 느끼고 울음을 터뜨렸다.

엄마의 호소는 자연스럽다. 이해와 동정이 간다. 얼마나 답답할까. 그런데 도대체 딸은 어떤 아이일까? 새와 벌레 이야기는 누구라도 이해할 수 있을 것 같다. 그 의미와 중요성을 인정하지 않을 수 없는 이야기를 엄마가 말하는데도, 어떻게 그게 싫다고 말하면서 엄마에게 반항하는 그런 행동을 할 수 있을까? 처음 이 장면을 보았을 때, 딸아이의 어처구니없는 반응에 대해 웃음이 나왔다. 그러나 순간 어떤 생각이 갑자기 필자의 머릿속을 스치면서, 웃음은 사라지고 몸이 차가워지는 것을 느꼈다. 딸은 이런 격언조차도 못 알아듣는 아이일까? 그렇지는 않겠지. 설혹 처음 듣는다 하더라도 이런 반응을 보일 수는 없다. 그러면? 왜 이 아이는 너무나 당연하고 쉽게 알아들을 수 있는 이 격언을 저렇게까지 받아들이기 싫어할까?

이 말이 어떤 부담이나 두려움을 주는 것일까? 아, 그렇다! 딸은 자기를 벌레로 생각하고 있는 것이다. 필자의 생각은 여기에 이르렀다. 엄마는 딸을 '새'로 가정하고, 적어도 '새'가 되라고 이야기하였지만 딸은 그 말 속에서 '벌레'가 자기인 것만 같이 느껴졌구나. 평소에 딸은 스스로 자신의 정체성을 '벌레'로 인식하고 있었던 것이다, '잡아먹히는 존재'로. 일찍 일어나는 사람이 늦게 일어나는 사람을 잡아먹고, 공부 잘하는 아이가 공부 못하는 아이를 잡아먹는다. 늦게 일어나는 아이, 공부 못하는 아이는 벌레가 된다.

우리는 늘 그렇게 배워왔다. 공부를 못하면 사회에서 쓸모없는 사람이 된다. 힘들고 남 보기 창피한 일을 하며 살게 된다. 제대로 대접받기 힘들다. 학교에서는 선생님이, 집에서는 부모님이, 사회에서는 세상 사람들이 공부 못하는 사람은 공부 잘하는 사람에 비하여 상대적으로 부정적 차별을 받는 것이 당연하다고 생각하고 그렇게 행동한다. 그래서 공부 못하는 나는 언제나 제대로 대접받지 못했다. 그러니 나는 벌레일 수밖에. 그러나 나는 나대로 살고 싶다, 잘 살고 싶다. 비록 내가 공부는 못하지만 나는 '새'에게 잡아먹히기 싫다.

"왜, 벌레는 잡아먹혀야 해! 난 그런 것이 싫어!" 정말 싫을

〈그림 1-1〉 벌레와 새

것이다. 무엇이 우리 아이들을 벌레로 만들고 있는가? 벌레인 내 아이에게 세상은 어떻게 보일까? 자기를 벌레라고 생각하는 아이들은 어떤 품성을, 어떤 인성을 가지고 있을까?

인성 정말 얼마나 나쁜가?

'우리 아이들의 인성이 나빠지고 있다', '인성 교육이 중요하다'는 말들은 참으로 오랫동안 이야기 되어왔다. 실제로 얼마나 안 좋은가?

우선 우리 아이들은 학교 폭력 때문에 고통받고 있다. 적어도 10명 중 1명 이상은 학교 폭력을 경험하고 있다[2]. 더구나 학교 폭력이 심각하다고 인식하는 학생의 수가 해를 거듭할수록 늘어가고 있다. 2명 중 1명꼴로 학교 폭력이 심각하다고 생각한다. 동시에 국가 통계 포탈에서 확인되는 청소년 범죄율도 증가되어 가고 있다. 이런 상황에서 학교 폭력 피해 학생들이 학업을 중단하거나 자살을 생각하는 비율이 자연스럽게 증가하고 있다. 15~19세 자살률이 인구 10만 명당 8.3명으로 높다. 동시에 청소년 사망 원인 중 자살에 의한 비율도 매년 증가하여, 30% 가까이 이른다[3].

학교 폭력 사례가 감소 추세에 있다는 보고도 있다[4]. 2011년 집단 괴롭힘에 의해 대구의 중학생 자살 사건이 발생한

---

2) 학교 폭력 실태 조사는 2012년부터 교육부에서 매학기초마다 초등학교 4학년에서 고등학교 3학년을 대상으로 1년에 두 번 실시하고 있다. 2012년 전에는 청소년폭력예방재단에서 1년에 한 번씩 실시하였는데, 2011년 대구 중학생 집단 괴롭힘에 의한 자살 사건 발생을 계기로 사회문제화되고, 인성교육에 대한 관심이 고조되면서 이후 체계적인 실태 조사가 정부에 의해 이루어지기 시작했다. 2012년의 학교 폭력 제1차 실태 조사 결과에 의하면 응답자 전국 139만 명 가운데 12.3%인 17만여 명이 최근 1년 이내에 학교 폭력을 경험했다고 응답. 그리고 폭력이 심각하다고 생각하는 학생의 비율이 2008년에 28.6%이던 것이 3년 뒤인 2011년엔 41.7%로 급증한 것으로 나타난다.

3) 한국보건의료연구원의 2012년 자료(2010년 통계)에 의하면, 청소년 사망 원인 중 자살에 의한 비율이 2009년 28%로 2000년 14%에 비하면 2배 증가하고 있다.

4) 교육부(2016), 학교 폭력 감소 추세 지속, 2016 1차, 2차 학교 폭력 실태 조사 결과, 교육부 보도자료(1차 2016.7.17., 2차 2016.12.6.)

후, 교육부는 매년 2회씩 온라인 방식으로 학교폭력 실태를 조사하고 있다. 이 통계에 의하면 2013년부터 2016년까지 8차례의 조사에서 학교 폭력 응답이 5년째 감소하여 학교 현장의 폭력 감소 추세가 지속되고 있다. 하지만 교육부 발표와 달리 학교폭력대책자치위원회[5]에서 실제 학교폭력 사건을 심사한 건수는 전국 단위로 매년 증가하고 있다.

이러한 상황들은 인성 상황과 연관된 것으로 이해되지만, 학생 인성을 나타내는 직접적인 지표들은 아니다. 그런데 안타까운 일이지만 인성의 중요성에 대한 이야기는 무성했지만 정작 우리 아이들의 인성이 구체적으로 어떤 상태인지, 어떤 인성이 얼마나 나쁜 것인지에 대한 객관적인 정보는 사실상 별로 없었다. 다수의 연구들이 학생들의 인성을 조사하여 분석 보고하고 있으나, 이 연구들은 학생 인성을 직접 조사한 것이 아니라, 학생 이외의 다른 사람들, 교사, 학부모, 교육 전문가 등의 학생 인성에 대한 평가 의견을 조사하고 있다. 예를 들면, 교육부의 한 정책 과제 연구 보고서[6]에서는 정직,

5) 학교 폭력 신고가 들어오면 학부모와 경찰, 법조인 등이 관련 사실을 조사하는 학교 현장에 설치되어 있는 기구이다. 이들 학교위원회의 전국 통계를 예로 보면, 2013년 17,749건, 2014년 19,521건, 2015년 19,968건 등에 이른다. 교육부 통계와 내용이 달라 교육계에서는 정부 통계에 의문을 제기하고, 조사의 신뢰도를 높이는 방안이 강구되어야 한다고 지적하고 있다.

6) 천세영 등(2012), 인성교육 비전 수립 및 실천방안 연구, 교육부 정책과제 연구 보고서. 이 연구에서 보고한 내용을 예시적으로 보면, '정직'(3.3점)에 대한 문항을 제외하고 모두 – 5점 만점에 자율적 사고와 행동 2.4, 도전정신 2.8, 배려 2.4, 나눔 2.5, 봉사 2.5, 공감 2.7, 의사소통 2.6 점 – 평균

자율적 사고와 행동, 도전정신, 배려, 나눔, 봉사, 공감, 의사소통의 정도를 조사하였는데, 학생들을 대상으로 직접 조사한 것은 아니다. 사회 원로와 전문가들에게 학생 인성의 정도에 대한 의견을 수렴한 결과를 보고하고 있다. 이러한 인성 평가에 대한 결과는 '체감 인성 지수'라 부를 수 있다.

아주 드문 연구 사례이기는 하나 더욱 직접적인 조사 결과가 있다. 한국청소년정책연구원과 한국교육개발원에서 2010년 공동으로 참여한 ICCS (International Civic and Citizenship Education Study)의 국제 비교 조사이다. 이 연구에 따르면 한국 청소년들이 타인을 배려하고 함께 일할 수 있는 사회적 상호작용 능력은 비교 국가 36개국 중 35위로 최하위에 속한다. 이 내용이 많은 다른 인성 보고서에서 인용되고 있으나, 이 정보만으로는 우리 아이들의 인성을 정확하고 체계적으로 파악하기 힘들다.

이러한 인식에 기초해서 최근 정부(교육부)는 인성 파악을 위한 세 가지 기초적인 연구[7)]를 수행하였다. 2012년부터 2014년까지 매년 1회씩 진행된 세 연구 모두 초·중등 학생들의

이하로 나타났다

7) 세 연구 모두 학생의 인성 수준을 직접 측정하는 연구로 교육부 정책과제연구로 추진되었다.
   1. 지은림 등(2012), 인성지수 개발 연구, 서울: 교육부.
   2. 정창우(2013), 학교급별 인성교육 실태 및 활성화 방안, 서울: 교육부.
   3. 현주 등(2014) 초중등학생 인성수준 조사 및 검사도구의 현장 활용도 제고방안 연구, 서울: 한국교육개발원.

인성 수준을 직접 측정하기 위하여 인성 지수를 개발하고, 검사 도구인 설문지를 활용하여 인성 수준을 측정 분석하고, 그 결과를 기초로 인성 교육 정책 수립을 위한 제안을 하고 있다.

이 세 연구의 조사 결과를 확인하기 전에 인성이란 무엇을 의미하는지 분명한 뜻을 좀 더 구체적으로 확인할 필요가 있다. 아무래도 일반적으로 이해하는 인성 개념과 학자들이 정의하는 인성의 의미가 조금 다를 수 있기 때문이다. 인성은 그 사람의 성격, 개성, 인간 본성, 인격, 성품, 도덕성, 기질, 인간성, 사람됨, 심성 등등의 용어와 유사하게 사용되고 있다. 영어로는 personality 나 characteristics 등으로 사용된다. 2015년 7월부터 시행되고 있는 「인성교육진흥법」에서는 '인성교육'을 "자신의 내면을 바르고 건전하게 가꾸고 타인 · 공동체 · 자연과 더불어 살아가는 데 필요한 인간다운 성품과 역량을 기르는 것을 목적으로 하는 교육"이라 정의하고 있다. 자신만의 개인적 차원에서 개인의 내면을 바르고 건전하게 가꾸는 데 필요한 인간다운 성품과 역량, 그리고 외부와의 관계적 차원에서 타인 · 공동체 · 자연과 더불어 살아가는 데 필요한 인간다운 성품과 역량으로 구분하여 인성을 이해한다. 그 외에도 많은 개인 전문가들과 기관들에서 유사한 내용으로 설명하고 있다.

이렇게 정의되는 인성이란 좀 더 구체적으로 어떤 덕목적 특성이나 행동적 역량으로 확인될 수 있는 것일까? 이 질문에 대하여도 학자들마다 참으로 다양한 인성 요소들을 제시하고 있다. 이 요소들을 확인해 보면 정직, 용기, 성실, 자기 긍정(자존감), 자기 조절(절제), 지혜, 효도, 예절, 윤리, 공경, 존중, 배려, 공감, 소통, 책임, 협동, 봉사, 준법, 정의, 시민성, 긍정, 자율 등등이 열거된다(〈표 1-1〉 참조). 이 요소들을 체계적으로 정리해 보면[8] 〈표 1-2〉에서와 같이 크게 3가지(내지 4가지) 요인, 즉 '도덕성', '사회성', '정체성'으로 구분하고, 도덕성을 '관습의 도덕성'과 '규칙의 도덕성'으로 구분하여 이해할 수 있다.

〈표 1-1〉 인성의 개념 차원

구분	개인 차원	관계 차원
성품(덕목)	지혜, 용기, 성실, 절제	효도, 예절, 존중, 배려, 책임, 협동, 준법, 정의
역량	윤리적 문제 해결 능력, 긍정적 태도, 자기 관리 능력, 자기 성찰 능력	의사소통 능력, 대인관계 능력, 시민적 참여 능력, 다문화 시민성, 자연 친화 능력

〈표 1-2〉 인성을 구성하는 요인과 덕목

인성 영역(요인)		관계 차원
도덕성	규칙의 도덕	정직, 준법, 책임
	관습의 도덕	효, 공경
사회성		봉사 및 협력, 개방성 및 소통(타인 및 타문화 이해), 공감
정체성		자기 이해, 자기 존중, 자기 조절

* 자료원 : 정창우(2013), 80~81쪽.

8) 정창우(2013), 앞의 책, 79~81쪽.

우리 아이들의 인성이 어떤 수준인지를 구체적으로 파악하기 위해서는 인성을 구성하는 각 요인별 수준을 파악해야 한다. 그런데 또 인성이 얼마나 좋은지 얼마나 나쁜지 하는 수준에 대한 평가는 사실상 절대적인 수치로 제시하는 것은 불가능하다. 예를 들어 5점 만점에 평균 3점이면 만족할 만한 수준인가 아닌가. 사실상 판단하기 어렵다. 이런 평가는 대체로 편의상 상대적 비교가 더욱 의미있게 받아들여질 수 있다.

실제 조사 결과를 한번 보자. 먼저 인성을 구성하는 요소들 간의 상대적 수준을 확인해 보면 대체로 도덕성이 가장 높고, 다음으로 사회성, 그리고 정체성이 가장 낮은 것으로 확인된다. 도덕성 중에서도 관습의 도덕이 규칙의 도덕보다 수준이 높다[9]. 설문 항목들의 내용을 보면 비교적 양호한 수준에 있는 것으로 확인되는 것들은, '부모님께 효도하는 것은 중요하다', '웃어른을 뵈면 예의를 갖추어 정중하게 대해야 한다'는 등의 관습의 도덕들이다. 반면에 아주 낮은 것으로 확인되는 항목들은 다음과 같다. 규칙의 도덕 요인에서, '나는 숙제를 할 때 친구의 것을 베끼거나 인터넷에서 찾은 정보를 그대로 적어서 낸 적이 있다', '나는 부모님에게 혼나지 않으려고 부모님을 속인 적이 많다', '학교 규칙은 반드시 잘 지켜야 한

9) 정창우(2013), 앞의 책, 96쪽. 구체적인 점수로 확인해 보면, 초 · 중 · 고 전체 학생의 평균 인성 지수 중 가장 낮은 항목은 2.88, 가장 높은 항목은 3.50으로 산출된다. 이 점수는 4단계의 반응으로 나타난 평가에 의해 산출된 것이다. 전혀 그렇지 않다 1점, 그렇지 않다 2점, 그렇다 3점, 매우 그렇다 4점.

다' 등이다. 사회성 요인으로 보면, '나는 사회에서 소외받는 사람이 있으면 그 사람들의 고통을 이해하려고 노력하는 편이다' 등이다. 정체성 요인으로 보면, '나는 미래의 목표를 위해 지금 하고 싶은 것을 참을 수 있다', '나는 계획을 세운 것을 잘 지킨다', '나는 나의 장점과 단점이 무엇인지 안다', '나는 기분이 나쁠 때에도 내 감정을 다스릴 수 있다', '나는 내가 행복한 사람이라 생각한다', '나는 남을 비난하기 전에 그 사람의 입장에서 생각해 본다' 등 비교적 낮은 수준의 항목들이 많다.

결국, 우리 아이들은 부모님들께 효도해야 한다는 생각은 강하지만 – 물론 이 항목들의 점수는 대부분 학생들의 생각이 반영된 것으로, 실제 행동을 완전하게 확인하는 것은 아니다 – , 자기 자신의 분노를 조절하고, 미래를 위해 오늘의 욕구를 절제하는 자기 조절 능력이 낮은 것으로 확인된다. 자신을 이해하고 감정을 조절하는 능력이 부족하다. 자기 자신을 아끼고 소중히 여기는 자기 존중감은 있지만, 타인을 존중하는 것에 익숙하지 않다. 자기 자신의 정체성에 대한 이해가 약하고 이기적 자기 존중의 특성을 보인다.

그리고 이러한 일반적인 인성 경향들은 그나마 초등학교 학생들이 가장 양호하고, 그 다음 중 · 고등학교 학생에게서 상대적으로 나쁜 것으로 확인된다. 동시에 학생이나 학부모보다는 교사들이 학생의 인성 수준을 낮게 인식하고 있다. 자연스럽게 이해될 수 있는 일이지만, 부모가 아이들의 인성에 관심을 가질수록, 아이들의 학업 성적이나 학교 만족도가 높을수록, 그리고 교우관계가 좋을수록 인성 수준은 높게 나타난다.

인성 교육은 어떻게 하고 있나?

그러면 교육을 담당하고 있는 학교는 인성 교육을 어떻게 하고 있는가? 아이들의 인성에 학교가 얼마나 영향을 미칠 수 있으며 얼마나 책임을 져야 하는가? 우선 학교에서의 인성 교육 실태를 한번 들여다보자.

한국교육개발원에서 조사한 바에 따르면, 학교마다 작성하고 있는 학교교육계획서에 포함된 인성 교육 관련 계획을 실제로 제대로 실행하고 있는 학교는 전국적으로 50% 미만에 그치는 것으로 확인되고 있다. 앞에서 본 바와 같이 중학교나 고등학교에 비하여 비교적 인성 수준이 높게 나타나는 초등학교의 인성교육 실태를 교사 인터뷰를 통하여 분석한 필자의 연구[10] 결과를 보면 이러한 상황이 더욱 더 구체적으로 확인된다.

사실상 같은 학교에서조차 교사에 따라 인성 교육이 실행되거나 실행되지 않고 있다. 인성 교육이 실행되는 경우에도

10) 엄상현(2014), 초등학교 인성교육실태 분석 –근거이론 연구방법에 기초하여, 한국교육 41(4), 79~101쪽.

체계적인 교육과정에 기초하지 않고 교사 개인에 따라 다양한 내용과 방식으로 개별화하여 운영하고 있는 것으로 확인되었다. 그리고 다수의 교사들이 인성 교육에 대하여 책임감은 가지고 있으나, 교육과정의 불명확, 연수 기회의 부족 등으로 인성 교육 실행에 어려움을 겪고 있다. 또, 학생 인성은 기본적으로 가정에서 형성되어야 한다는 교사들의 인식이 학교에서 하는 인성 교육의 효과에 대하여 낮은 기대를 만들어

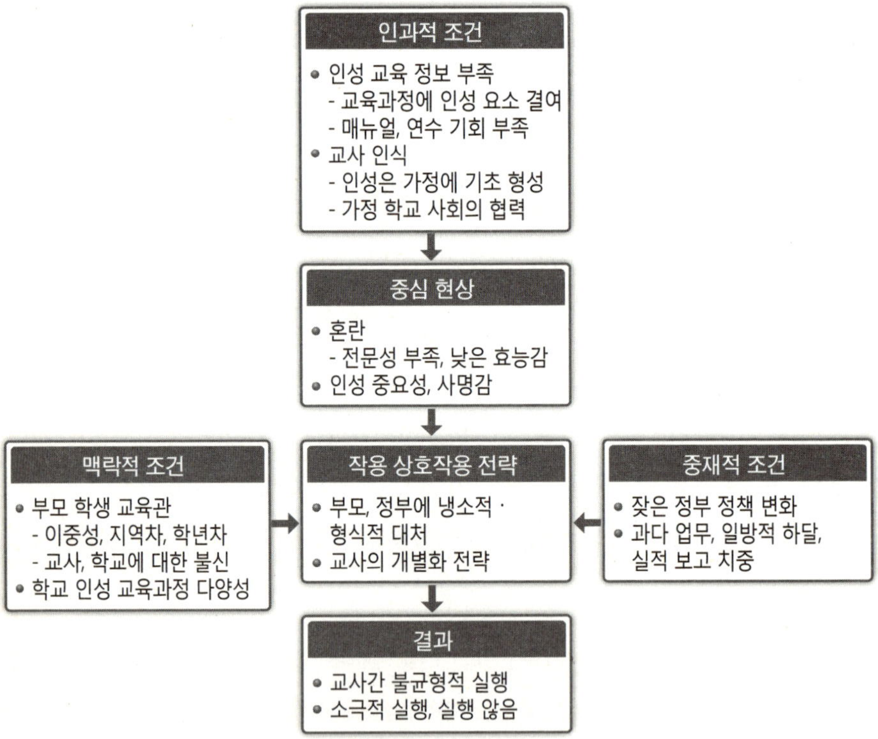

자료원: 엄상현(2014), 85쪽.

〈그림 1-1〉 초등학교 인성 교육 운영 실제에 대한 이론적 모형

낸다. 부모의 성적 중심의 교육관, 교권 실추와 같은 사회적 상황과 정부의 잦은 정책 변화와 실적 보고 중심의 행정 또한 교사들로 하여금 부모와 정부에 냉소적 태도를 가지게 한다. 결국 이러한 상황들이, 가정, 학교, 정부의 교육 주체 간에 협력적인 상호작용도 이루지 못하게 하고 있다.

학교급을 달리하는 한국교육개발원의 연구 결과도 같은 내용을 지적한다[11]. 종합해 보면, 우리 아이들의 인성이 좋다고 할 수는 없다. 인성 교육이 제대로 이루어지고 있지 않은 것도 분명해 보인다. 인성에 대한 체감 지수는 매우 나쁘다. 그리고 인성이 좋지 않은 것 같지만 확신할 수 있는 객관적 증거가 너무 적다. 궁극적으로 좋은 인성을 기르고, 그 효과적인 방법을 찾기 위해서는 인성과 인성 교육에 대한 연구가 더욱 적극적이고 지속적으로 이루어져야 한다.

11) 현주 등(2009), 학교 인성교육 실태 분석 연구 -중학교를 중심으로, 서울: 한국교육개발원.
현주(2013), 초중등학생 인성교육 활성화 방안 연구(Ⅰ), 서울: 한국교육개발원.

2. 사고력 교육의 위기

일단... 궁금한 게 없어요!

2014년 한국교육방송 '우리는 왜 대학에 가는가?' 라는 제목의 다큐프라임 제5부 '말문을 터라' 는 프로그램에서 진행된 상황이다. 장면 1, 초등학교 교실. 아이들이 서로 자기 생각을 발표하고 싶어 선생님에게 발언권을 얻기 위해 저마다 손을 들고, "저요!", "저요!" 를 외친다. 다음 장면 2, 중학교 어느 교실. PD가 똑똑해 보이는 어떤 학생에게 묻는다. "궁금한 게 있으면 어떻게 해요?". 학생이 대답한다. "음, 일단 궁금한 게 안 생겨요. 왜냐하면 어려운 것만 시키고, 프린트하고 책 읽고, 그냥 수업한다는 식?!" 이 학생에게 수업은 궁금한 것을 허용하지 않는다. 수업은 호기심을 자극 받고, 호기심을 충족시키는 과정이 아니다. 장면 3, 이런 중학교 과정을 거쳐 도달한 고등학교 교실. 절반의 학생이 수업 중에 엎드려 있다. 잠을 자는 듯하다. 학원 다니고, 과외하고, 집에서, 독서실에서 공부하느라 잠이 부족해서, 학교 수업 시간에는 부족한 잠을 보충해야 한다. 선생님은 이런 아이들을 깨울 수 없다.

장면 1

장면 2

장면 3

〈그림 1-2〉 EBS에서 방영한 '우리는 왜 대학에 가는가?'의 일부 장면

우리 학생들의 사고력, 지적 수준

학업 성취도 점수로 나타나는 우리 아이들의 지적 수준은 상당히 높다. 잘 알려져 있는 OECD의 PISA 연구 결과는 지난 10년 이상 반복된 평가 결과를 통하여 한국 학생(중3~고1 수준)들이 읽기, 수학, 과학 과목에서 지속적으로 높은 학업 성취도 수준을 나타내고 있음을 확인해 준다. OECD 회원국들 간에는 대체로 일본, 핀란드와 함께 상위 3개국을 형성하고 있다. 비회원국까지 포함시킬 경우, 상하이, 홍콩, 싱가포르, 대만 등의 아시아 국가와 도시들이 상위권으로 평가되고, 이들과 비슷한 수준으로 유지되고 있다. 역시, 열심히 공부한 결과로 우리 아이들의 성적이 우수한 것은 국제적으로도 명확히 증명되고 있다.

그런데 지적 수준은 일반 시험 성적으로 표시되는 학업 성취도로만 평가될 수 있는 것은 아니다. 인간의 지적 능력, 즉 정신 내지 사고 활동은 낮은 차원에서 고차적 사고까지 폭넓게 진행된다. 지적 능력 중 단순히 기억에 의존하지 않고 경험한 대상으로부터 의미 있는 인식을 하는 정신 작용을 '고등 정신 기능'이라 하고, 경험의 단순한 보유나 유지를 재생하는 능력을 '하등 정신 기능'이라고 한다. 고등 정신 기능을 일반적으로 사고력이라 하고, 이것은 추리력, 분석력, 적용력, 문제 해결력, 판단력, 구상력, 관계 파악력 등의 지적 능력을 포함한다.

정신 능력을 이렇게 구분한다면 우리 아이들이 높은 성취 수준을 나타내는 학업 성취도는 어떤 정신 능력에 해당되는가? OECD 국제 학업 성취도 평가 결과를 분석한 연구[1]에서는 각 과목들의 성취 수준을 낮은 1단계 수준에서 높은 6단계 수준까지 여섯 단계로 구분하여 비교하고 있다. 한국 학생들은 평가 내용인 읽기, 수학, 과학 3과목 모두에서 2단계 수준에 도달하지 못하는 학생 비율이 OECD 회원국 전체 평균보다 매우 낮은 반면, 5단계 수준 이상의 잘하는 학생들의 비율은 전체 평균에 비하여 훨씬 높다. 다만, 이 조사 연구에서도 하등 및 고등 정신 능력을 구분해서 파악할 수 있는 자료를 찾기는 어렵다.

한편 국내 평가 연구로는 우리 정부(교육부)에서 시행한 학업 성취도 평가에 대한 분석 결과가 있다[2]. 그 결과를 보면 대부분(80% 이상)의 학생들이 '우수' (평가 대상 학년의 학생들이 성취하기를 기대하는 기본 내용을 대부분 이해한 수준)로 평가되어, 국제 학업 성취도 평가의 우수한 성적을 국내적으로도 확인해 주고 있다. 다만 이 분석 연구에서도 학생들의 정신 능력을 하등 능력과 고등 능력으로 구분하여, 사고력의 정도를 명확하게 설명하고 있지는 않다. 지적 능력을 '지식'(기억, 이해, 적용)과 '탐구'(가설, 설계, 분

---

1) 한국교육과정평가원(2013), OECD 국제학업성취도 평가문항 자료집 PISA 2000~PISA2012 지필평가, 서울: 한국교육과정평가원.
2) 한국교육과정평가원(2014), 국가수준 학업성취도 평가결과 분석(사회, 과학), 서울: 한국교육과정평가원.

〈표 2-1〉 OECD PISA 2015 성적 결과

	읽기		수학		과학		과학, 읽기, 수학의	
	PISA 2015 점수 평균	3년 추이 평균	PISA 2015 점수 평균	3년 추이 평균	PISA 2015 점수 평균	3년 추이 평균	최소 한 영역에서 상위 수준인 학생 비율	세 영역 모두에서 하위 수준인 학생 비율
	Mean	Score dif.	Mean	Score dif.	Mean	Score dif.	%	%
OECD 국가 평균	493	−1	490	−1	493	−1	15.3	13.0
싱가포르	535	5	564	1	556	7	39.1	4.8
일본	516	−2	532	1	538	3	25.8	5.6
에스토니아	519	9	520	2	534	2	20.4	4.7
대만	497	1	542	0	532	0	29.9	8.3
핀란드	526	−5	511	−10	531	−11	21.4	6.3
마카오(중국)	509	11	544	5	529	6	23.9	3.5
캐나다	527	1	516	−4	528	−2	22.7	5.9
베트남	487	−21	495	−17	525	−4	12.0	4.5
홍콩(중국)	527	−3	548	1	523	−5	29.3	4.5
B-S-J-G(중국)	494	m	531	m	518	m	27.7	10.9
대한민국	517	−11	524	−3	516	−2	25.6	7.7
뉴질랜드	509	−6	495	−8	513	−7	20.5	10.6
슬로베이나	505	11	510	2	513	−2	18.1	8.2
호주	503	−6	494	−8	510	−6	18.4	11.1
영국	498	2	492	−1	509	−1	16.9	10.1

*자료원: 한국교육과정평가원(2016). OECD 국제학업성취도 평가 연구. 18쪽

석, 결론)으로 구분하여 출제를 시도하고, 실제 부분적으로는 이러한 개념적 기초에서 평가를 시도하고자 하고는 있으나, 신뢰할 만한 문항 개발이 이루어지지 않아 결과에 대한 분석도 충분히 제시되지 않고 있다. 다만, 문항 유형에 따라 선다형 정답률이 서답형 정답률에 비해 조금 높은 수준이라는 결과를 제시함으로써 우리 학생들이 주관식보다는 객관식 문항에 익숙해 있는 경향을 확인해 준다.

이처럼 고등 정신 능력의 수준에 대한 분석 평가가 거의 없는 상태에서, PISA 결과에 대한 한국, 일본, 핀란드 학생의

〈표 2-2〉 PISA 영역별 순위와 평균 점수 변화 추이

영역		연구주기 (참여국 수)	PISA 2000 (43개국)	PISA 2003 (41개국)	PISA 2006 (57개국)	PISA 2009 (75개국)	PISA 2012 (65개국)	PISA 2015 (70개국)
과학	평균		562	538	522	538	538	516
	순위	OECD	1	3	5~9	2~4	2~4	5~8
		전체	1	4	7~13	4~7	5~8	9~14
읽기	평균		525	534	556	539	536	517
	순위	OECD	6	2	1	1~2	1~2	3~8
		전체	7	2	1	3~5	3~5	4~9
수학	평균		547	542	547	554	554	524
	순위	OECD	2	2	1~2	1	1	1~4
		전체	3	3	1~4	3~5	3~5	6~9

*자료원: 한국교육과정평가원(2016), OECD 국제학업성취도 평가 연구, 19쪽

성취도를 비교 분석한 연구 결과로부터 비교적 의미있는 시사점을 얻을 수 있다[3]. 한국은 과학 성취도가 높은 학생 집단의 비율과 점수가 상대적으로 낮다. 특히 문항 유형별로 비교하였을 때 개방 구성형에서 가장 낮은 성취 수준을 보이고 있다. 이것은 일본, 핀란드 학생과 비교해 우리 학생들이 답의 작성이 간단한 문항 유형의 정답률은 높은 반면, 답의 작성이 복잡한 문항 유형의 정답률이 낮다는 것을 의미한다. 이러한 개방 구성형의 문항에 대한 정답률의 낮은 정도가 전체 학생에 비해 상위 수준의 학생들의 경우 다른 2개 국가와 비교해 더 낮아진다. 결국 우리 학생들이 단순 지식의 습득을 넘어 폭 넓은 지식을 활용하여 자신의 생각을 조직하고 이를 말

3) 최혁준(2012), 한국 일본 핀란드의 PISA 2012 과학 결과 비교, 교원교육 31(3), 379~399쪽.

이나 글로써 표현할 수 있는 능력, 즉 고등 정신 능력이 상대적으로 떨어지고 있다.

우리 아이들의 사고력 수준이 미흡하다는 것은 학교에서의 사고력 교육에도 문제가 있다는 것을 말해 준다. 전문적인 개인 연구자들의 연구 결과들[4]이 그것을 말해 준다. 사고력은 평가 방식과도 연관이 깊다. 사실상 고등 정신 능력은 주관식 서술형 평가에 의해 측정이 용이하다. 우리 교육 현장에서 서술형 평가의 확대를 위해 정부(교육청)과 학교가 노력하고는 있으나, 여전히 객관식 선다형 평가가 주로 시행되고 있다. 객관식 평가가 이루어지는 교실에서 학생들은 생각하는 학습에 대한 동기를 자극받기 어렵다.

심지어 영재아들을 위한 교육에서조차도 기존의 사고력 프로그램은 내용 지식만을 강조하고 있다. 사고 과정은 문제를 해결하는 과정에 있어 지식, 사고 성향, 조작의 역동적 상호작용 과정이어야 한다. 그럼에도 불구하고 영재 학생들을 위한 수학, 과학, 언어 프로그램 등도 교과를 중심으로 한 내용만 강조하고 있지, 그 교과 밑에 깔려 있는 일반 사고력은 수업 설계에서 주요하게 고려되지 않고 있다[5]. 창의성 교육 또한 마찬가지다. 창의성에 대한 인식과 기대, 학교와 교사의

---

4) 예를 들면, 노선숙 등(2008), 중등수학과 서술형 평가의 현황 분석 연구, 한국학교수학회논문집 11(3), 377~397쪽.

5) 인신동 · 이경숙(2009), 영재교육을 위한 사고력의 구성 개념정립과 프로그램 개발, 영재와 영재교육 8(2), 125~147쪽.

노력에도 불구하고 우리는 과연 올바른 방식으로 창의성을 가르치고 있는 가에 대한 검토를 해보지 않은 것 같다고 비판받는다[6]. 창의성 연구가 필요하다는 주장은 많은데 정작 학교에서 창의성 교육을 어떻게 하는 것이 효율적인지 모르고 있고, 학생이 얼마나 창의적인지 창의성이 얼마나 신장되고 있는지 확인하기도 어려운 상황에 있다.

외국과 비교한 사례로 일본과 한국의 수학과 교육과정을 비교한 연구[7]의 결과를 보자. 일본은 수학적 사고력, 판단력, 표현력을 핵심 역량이라고 하고, 이 핵심 역량들을 달성할 수 있도록 수학을 현상에서 관찰하고 표현하는 '수학화'와 수학을 활용하는 '문제 해결력'을 초등학교와 중학교 수학 교육에서 강조하고 있다. 한편, 우리는 수학적 창의성 발현을 돕기 위해 수학적 과정을 강조한다. 그러나 그 구체적인 교수-학습 방법은 제시되지 않고 있어, 교사들이 임의의 방식으로 진행하도록 하고 있으나 실제 실행 여부와 그 효과는 알 수가 없다.

이러한 현상은 과학이나 수학 교과 영역에서뿐 아니라 사회나 역사 등의 인문 영역에서도 마찬가지다. 역사적 판단력은 학업 성취도(성적)과 비례하지 않아 학업 성취도가 역사적

---

6) 최석민(2006), 초등학교 창의성 교육 접근방식에 대한 비판적 검토, 초등교육연구 19(2), 1~21쪽.
7) 임해미 · 김부미(2014), 일본과 우리나라의 수학과 교육과정과 국가수준학업성취도 평가, 학교수학 16(2), 259~283쪽.

판단력을 제대로 드러내지 못하고 있다고 비판적으로 분석된다[8]. 역사 교사들은 평가와 관련된 체계적인 훈련을 받은 적이 거의 없어 명료한 계획 없이 평가를 진행하고 있다. 또 수업 방식에 있어서도 예를 들면 프랑스 역사 교육은 역사적 사실보다도 역사에 대한 평가에 치중하는 데 반하여, 우리는 학습자가 역사적 사실을 아는 것에 만족하는 역사 교육을 하고 있다. 그 결과 청소년들의 심각한 역사 의식의 부재를 불러오고 있다.

사회 교과서를 일본과 비교한 연구[9]를 보면, 탐구 활동의 빈도는 한국이 더 빈번하게 등장하여 의도에서는 긍정적인 측면이 있다. 그러나 그 내용이 본문 학습의 연장 선상에서 단순한 결과만을 유도하거나 본문의 자료를 바탕으로 비교하는 문제(본문 내용 확인형)가 많다. 일본 교과서는 자신의 입장을 정리하고 토론하거나 자신의 생각을 자유롭게 표현하도록 하는 학생 활용형이 많은 것이 특징이다. 한국은 정답을 확인하는 폐쇄적 발문(인지 기억 수렴)이 많고, 일본은 상대적으로 고차적 사고력을 요구하는 개연적(확산적 평가적) 발문(학습 활동을 조성해

8) 이런 주제를 논의하는 연구의 예.
강현태(2008), 학업성취도에 따른 역사적 사고력의 차이, 역사교육연구 8집, 137~184쪽.
이연주 · 최용규(2014), 프랑스 초등 역사교과서에 반영된 역사적 사고력의 요소 분석, 사회과교육연구 21(2), 17~29쪽.

9) 이지현 · 이진석(2014), 사회교과서의 탐구활동 비교분석, 교사교육연구 53(4), 629~641쪽.

나가기 위해 학생에게 던지는 문제 제기)이 많다.

위의 내용을 정리해 보면, 우리 학생들의 고등 정신 능력 수준이 내용 지식에 대한 학업 성취 수준만큼 높다는 것에 대하여 확신할 수가 없다. 그리고 이 수준을 명확히 파악할 수 있는 평가 방안도 마련하지 못하고 있다. 동시에 이러한 사고력 향상을 위한 구체적인 수업 방안도 충분히 마련되지 않고, 그래서 이러한 수업도 만족스럽게 진행되기 어려운 실정이다. 그 중요성과 필요성에도 불구하고 학교에서 사고력 즉 고등 정신 능력 교육은 아직까지 제대로 이루어지지 않고 있다. 사회적 여건, 학교 풍토의 경직성, 교사의 역량 등, 사고력을 키우는 데 필요한 모든 요소들이 부족하다는 문제점이 있다[10].

지적 호기심

고등 정신 능력 수준만큼이나 학업에 대한 정의적 특성에서 또한 문제가 있다. OECD 국제 학업 성취도 평가 연구[11] 결과를 보면 우리나라 학생들의 수학과 관련한 태도 즉 정의적 특성이 거의 모든 조사 요인에서 평균에 미달되고 있다. 이 분석은 정의적 특성을 '수학 학습 동기'와 '자아 신념'으로

10) 신종호 등(2013), 학교현장 적용을 위한 고등사고력 교육의 원칙 및 제한점, 사고개발 9(2), 71~98쪽.

11) 한국교육과정평가원(2014), 앞의 책, 101~106쪽.

구분하고, 다시 '수학 학습 동기'를 '내적 동기'와 '외적 동기'로 구분하고 있다. 두 요인에서 모두 동기 부족을 보인다. '자아 신념' 영역은 '자아 효능감', '자아 개념', '수학 불안감', '수학 관련 활동 참여', '수학 학습 계획', '중요한 사람들의 수학적 견해 인식'으로 구성되고 있다. 이중 '수학 불안감'과 '수학 관련 활동 참여'를 제외한 4개의 영역에서 모두 참여 국가들의 평균점 이하 수준의 부정적 태도를 보이고 있다. 특히 '자아 효능감'과 '자아 개념'에서 특별히 낮은 점수를 기록하고 있다. 결국 우리 학생들은 공부를 열심히 해서 시험 성적은 높으나, 그 교과목 내용 자체에 대해서는 흥미도 관심도 별로 보이지 않는다.

지적 호기심이란 인간이 가지고 태어나는 본능적 특성이며, 이 호기심 충족을 통하여 우리는 그 자체로서 우리의 활동과 그 활동으로 구성되는 삶에 대하여 만족을 느끼며 동시에 사회 진보를 위한 각 영역의 발전의 에너지원으로 삼는다. 호기심이 삶의 만족을 높인다는 것은 호기심이 스스로의 노력에 의해 충족될 때, 유능감이 증가하게 되고, 이 유능감이 자존감을 높이고, 호기심을 지속하게 만든다는 것을 의미한다. 사회 진보를 위한 호기심이란 호기심이 사물이 어떻게 작용하는 지를 알아내는 행동을 촉진하기 때문에 과학적 발견과 문명의 발전에 중요한 역할을 담당한다는 것을 의미한다. 끊임없는 변화와 발전을 요구하고 있는 시대에 적응하기 위해 필요한 능력으로 간주되고 있는 창의성의 근간이 바로 지적 호기심이라는 사실도 이것의 중요성을 대변한다.

낮은 사고력에 대한 높은 체감 지수, 사고력 개념에 대한 정의의 불명료성, 사고력 개념에 적합한 교수-학습 프로그램의 불충분, 사고력 개념에 적합한 평가의 부재, 이 모든 문제가 우리 학교교육의 당면 과제이다[12]. 사고력과 관련한 이런 상황은 인성 상황, 인성 교육 상황과 너무나 흡사하다. 인성과 사고력 향상은 중요하다. 그래서 지속적으로 강조되고 있지만 우리 아이들의 인성과 사고력 수준은 여전히 불만족스럽다. 그런데 이들을 향상시키는 교육이 학교에서 실제로 제대로 이루어지고 있지도 않고, 어떻게 향상시킬 수 있는지 그 방안도 분명하지 않다.

---

12) 허경철(2013), 사고력교육의 내실화를 위한 평가방안 탐색, 사고개발 9(2), 119~141쪽.

3. 교육 기회 균등의 위기

누구나 열심히 하면 공부 잘할 수 있는가, 누구나 열심히 공부할 수 있는가?

학교가 아이들이 공부하는 데 얼마나 도움을 주고 있는가? 1980년대 말에 미국 대학에서 필자가 공부할 때의 이야기다. '효율적인 학교 연구(Effective School Study)'라는 과목을 수강했었다. 이 강좌는 아이들의 학업 성취도(성적)을 높이는 데 긍정적으로 기여하는 요인들을 찾는 연구에 대하여 학습하는 것이 목적이었다. '효율적인 학교 연구' – 이와 유사한 명칭의 '학교 효율성 연구(School Effectiveness Study)라는 연구 활동은 다른 접근 방식으로 같은 주제를 연구하는 그룹이다 – 라는 연구 활동이 시작된 배경을 먼저 설명해 보자.

1960년대 초 미국 정부는 공교육비로 많은 예산을 투자하고 있었기 때문에 이 많은 교육 예산이 미국 사회의 발전에 실제로 얼마나 기여하고 있는지 궁금해 하였다. 그래서 이를 확인하기 위한 정책 연구를 추진하였는데, Johns Hopkins 대학의 사회학 전공의 James Coleman 교수가 이 연구의 책임자로 연구를 수행하였다. 3년 뒤 연구 보고서[1]를 출판하였

---

1) James S. Coleman, et al.(1966) *Equality of Educational Opportunity*, U.S. Washington: Government Printing Office.

는데, 핵심적인 내용은 학교가 미국 사회 발전에 별로 기여하고 있지 못하다는 것이었다. 이 연구의 목적은 정부가 제시한 '공교육이 미국 사회 발전에 기여하는가?' 하는 질문에 대답하는 것이었다. 연구진들은 이 질문을 '학교가 부모의 사회경제적 지위에 관계없이 아이들에게 얼마나 공정한 교육 기회를 부여하고 있는가?' 또는 '학교가 아이들의 학업 성취도(성적) 향상에 얼마나 영향을 미치고 있는가?'라는 질문으로 구체화하였다.

미국 사회의 발전이란 미국이 이상적으로 추구하고 있는 자유와 평등의 이념이 국민의 삶 속에서 확대 유지되는 것을 의미한다. 그런 만큼, 공교육이 이러한 자유와 평등의 이념 실현과 확산에 얼마나 기여하고 있는가라는 질문은 학교가 부모의 사회경제적 지위에 관계없이 아이들의 성적을 얼마나 향상시키는가와 같은 의미로 해석된다. 그리고 장차 사회에 나가 실질적으로 더 자유롭고 평등한 사회적 (삶을 살아갈) 기회를 보장받게 해 주느냐에 대한 해답을 찾고 있기 때문이다. 이 연구는 미국 전역에 걸친 학교와 학생들을 대상으로 수집한 방대한 자료를 분석하였으며, 그 결과 아이들의 성적은 부모의 사회경제적 지위에 의해 거의 결정되고 있다고 하였다. 그 과정에서 학교는 아이들의 성적 향상에 대체로 기여하고 있지 못하고, 동시에 학생 성적에 미치는 부모의 영향을 감소시키는 데 거의 역할을 못한다고 하였다.

보고서의 이러한 내용에 놀란 교육학자들은 그럴 리가 없다고 생각하고, 보고서의 내용과 다른 사실 관계를 현장에서 찾기 시작했다. 이들은 우선 부모의 사회경제적인 지위는 낮지만 주변의 유사한 환경의 다른 학교들에 비해서는 학생들의 성적이 비교적 우수하다고 알려진 학교를 찾아 그 비결이 무엇인지 찾기 시작하였다. 필자가 그 강좌를 수강하고 있던 시기에는, 이미 그동안 20년 가까이 이러한 연구가 진행되고 있었고, 그 노력의 결과가 다양하게 생산되고 있을 때였다. 이 강좌는 효율적인 학교의 요인, 그러니까 아이들의 성적을 향상시키는 학교의 특성과 조건들이 무엇인지, 달리 말하면 학교가 어떻게 해야 아이들이 공부를 잘할 수 있는지에 대하여 확인하는 것이 목적이었다.

이 강좌를 담당했던 William Bickel 교수는 효율적인 학교 연구의 전문가로서 수업 시간에 그 조건들을 열심히 그리고 자랑스럽게 설명해 주었다. 아이들의 성적 향상 요인으로 가장 중요한 것 중 하나는 학교에 공부하는 분위기를 조성하는 것이다. 우선 교장부터 학생들의 학습이 중요하다는 생각을 가지고, 강한 학습 지도력을 발휘하여 교사들과 학생들에게 공부의 중요성을 강조해야 한다. 교사들은 학생들에게 공부가 삶의 성공을 위해 필수적인 요소임을 강조하면서, 숙제를 많이 내 주고, 가능한 한 텔레비전 보는 시간을 최소화 하도록 하고 등등.

이러한 연구 결과 설명에 필자는 실소를 금하지 않을 수 없었다. 아니 이것들을 20년 가까이나 연구해서 알아냈단 말인가? 그래서 말했다. "교수님 한국에서는 이러한 교육을 옛날부터 수행해 오고 있습니다." 교수는 깜작 놀랬다. 사실 당시만 해도 한국의 교육 상황은 미국의 일반 교육학자들에게도 잘 알려져 있지 않았었다. "아니, 어떻게 그것을 잘 알지? 그럼, 한국에서는 그동안 이 분야의 연구를 정말 많이 한 모양이지?"라고 되물었다. 필자의 대답은 역시 "아니, 그것을 왜 연구합니까? 한국에서는 어떻게 해야 공부를 잘 할 수 있는지 초등학생들도 잘 알고 있습니다. 그 방법은 지금 교수님께서 설명해 주시는 그런 내용들과 크게 다르지 않습니다. 우리나라에서는 상식이죠." 교수는 또 깜작 놀랬다. "아니 이보게, 연구를 안했단 말인가? 이렇게 중요한 일을 어떻게 상식으로 하는가? 한국에서는 교육을 상식으로 하는가?" 교수의 이 말에 이번에는 필자가 충격을 받았다.

교육을 상식으로 하다니, 사실 너무나 놀랍고 당황스러웠다 – 물론, 비록 체계적인 연구를 통한 검증 과정은 거치지 않았지만 오랜 기간의 실천적 경험에 기초하였을 것으로 생각되지만 –. 그래서 얼떨결에 그 자리에서 교수에게 약속을 했다. "교수님, 한국에서의 그동안의 상식이 사실인지 아닌지, 효율적인 학교 연구의 결과가 한국 교육 현상에도 적용되는지 확인해 보겠습니다. 박사학위 논문 주제로 선택해서 검증해보도록 하겠습니다." 그리고 필자는 이 내용을 주제로 조사 연구를 하여 논문을 썼고 학위를 받았다.

학교 효율성 연구의 주된 논리 구조는 학생들의 성적에 부모(가정)의 영향, 학교의 영향, 그리고 기타의 영향이 서로 어느 것이 얼마나 크게 작용하는지, 그리고 그 영향을 미치는 구체적인 요소는 무엇인지를 확인하는 것이다. 필자의 논문[2] 또한 연구의 내용은 학생들의 학업 성적과 선택된 여러 교육 조건, 즉 학생들의 입학 성적, 가정 배경, 학교의 물적 투입 요소, 교사의 특성, 학교의 과정(문화적, 풍토적) 특성들과의 관계를 조사하는 것이었다.

이 논문의 결론 부분에서 다음과 같이 진술한다. '전체적으로 학교 평균 성적은 학교 간에 차이가 있다. 입학 시 학생 성적의 학교 간 차이의 영향력을 제외하고서도, 이 차이는 학생들의 평균적인 가정 배경이나 학교 시설, 교사의 특성에 의해서가 아니라 학교의 구조와 풍토에 의해 결정되고 있다는 잠정적인 결론을 내릴 수 있다.'[3] 특히 결과 해석 부분에서 다음과 같이 언급하고 있다. '이 연구에서 예상하지 못했던 결과 중의 하나는 학생들의 가정환경 변인과 학업 성적 간의 무관성이다. 미국에서 수행된 학업 관련 연구의 대부분은 가정 배경이 학생들의 성적 차이의 상당 부분을 설명한다는 것을

2) Um, SangHeon(1990), *Factors that related to student achievement in Korean academic high schools*(한국인문계 고등학교 학생들의 성적에 영향을 미치는 요인 연구), 미국 피츠버그대학 박사학위 논문. 참고로 이 연구는 1989년 부산시내 일반계 고등학교 3학년 전체를 표집 대상으로 하였다.

3) 엄상현(1993), 한국 인문계 고등학교 학생들의 성적에 영향을 미치는 요인 연구, 교육사회학 탐구 Ⅱ, 역사 사회 그리고 교육 현실(김기석 편), 교육과학사, 300쪽.

계속적으로 확인해 왔다. 그러나 본 연구에서는 그러한 결과를 전혀 발견할 수 없었다. 적어도 잠정적으로는 한국의 경우 부모가 교육을 못받고, 부유하지 않아도 학생들은 충분히 좋은 성적을 낼 수 있다고 해석할 수 있을 것이다.'[4]

학업 성취도, 사교육비의 양극화

이제 장면을 그 후 23년 뒤로 옮겨 와 보자. 2012년에 발표된 이와 유사한 연구 구조의 논문이 있다. '서울시 고등학생의 학업 성취도 결정 요인'[5]이라는 제목의 논문은 결론 부분에서 다음과 같이 정리하고 있다. '본 연구는 학업 성취도를 결정하는 요인으로 투입 요인에는 학생 특성, 가정환경, 학교 환경, 과정 요인에는 교사의 교수 활동, 방과후 학교, 진로 지도, 사교육, 부모의 지원과 격려, 학습 동기의 변수를 사용하였다. 특히, 영어, 수학 과목에 모두 가장 크게 영향력을 미치는 요인으로는 투입요인에서 가정환경, 학교 환경이며, 과정 요인에는 학습 동기 요인으로 나타났다.' 그리고 투입 요인에서 가정환경이 학교환경보다 더 큰 영향력을 가지

4) 엄상현(1993), 앞의 책, 298쪽.
5) 임은희 · 권이언(2012), 서울시 고등학생의 학업 성취도 결정 요인: 절단형(censored) 자료에 대한 tobit model의 적용, 정책분석평가학회보 22(2), 43~63쪽.

고 있음을 확인한다. 이러한 결과는 최근에 수행된 다른 유사한 내용의 연구들의 결과와 일치하고 있다.

우리의 경우 IMF 관리 체제를 경험한 1990년 후반 이후, 양극화의 문제가 심각한 사회 문제로 대두되었고, 한국 사회의 특히 경제 양극화 현상은 그대로 교육 양극화 현상으로 이어지고 있음이 확인되고 있다. 최근 이러한 교육 양극화 현상을 진단하는 교육사회학 분야의 연구 결과는 다양하게 생산되고 있다[6]. 지역간 · 계층간 교육 격차는 상당히 심각한 수준에 이르고 있다. 특히 교육 결과인 학업 성취 측면에서 대도시와 읍면 지역 출신 학생 사이에는 현격한 차이가 있다. 그리고 아버지 학력, 가계 소득, 남성 보호자의 직업 위계가 높을수록 학업 성취도 수준은 높아지는 것으로 나타난다.

이와 유사한 경향으로 변화되어온 현상으로 사교육비 또한 꾸준히 증가해 왔다. 통계청의 가계동향 조사 자료를 이용하여 1982년부터 2017년까지 35년간의 역대 정부별, 각 연

---

6) 김경근(2005), 한국사회 교육격차의 실태 및 결정 요인, 교육사회학연구 15(3), 1~27쪽. 한국교육고용패널(KEEP) 정보를 이용하여 교육 격차의 실태와 원인을 분석한 연구이다.

다른 분석 단위와 자료를 활용한 예를 보면, 한국개발연구원의 김희삼(2015), 사회이동성 복원을 위한 교육정책의 방향, KDI Focus 54호. 이 연구 보고서에 의하면, 경제적으로 여유 있는 계층으로 판단되는 가구소득 월 500만 원 이상의 가정의 학생 비율을 보면 특목고 50.4%, 자율고 41.9%, 일반고 19.2%, 특성화고 4.8%, 서울 출신 중 서울대 입학생의 출신 고교 구성에서 특목고 출신이 40.5%, 강남 3개구(강남, 서초, 송파) 출신이 25.2%에 해당하고 있다.

도별 사교육비의 추세를 분석한 연구[7] 결과에 의하면 1982년 이후 사교육비는 매년 증가하고 있다. 소득 분위별 비교 분석에서도 소득 상위 집단과 하위 집단 간의 사교육비 격차가 지속적으로 증가하고 있다.

전반적으로 사교육이 학생들의 학업 성취도 향상에 긍정적인 영향을 미치는 것으로 확인되지만, 그 직접적인 영향력은 일반적으로 인식되고 있는 만큼 크지 않다[8]. 그러나 사교육의 차이가 가정 배경의 차이에 의해 만들어지는 것으로 보면 사교육의 영향력은 독립적으로 평가되기보다는 가정 배경의 영향력과 결합하여 나타나는 효과로 이해하는 것이 합리적이

---

7) 양정호(2013), 우리나라 역대 정부의 사교육비 추이 분석, 교육행정학연구 31(4), 421~448쪽.

전국을 대표하는 가구를 선정하여 우리나라 전체의 소비 지출 형태를 파악하는 자료로써 사교육비 총액 추정에 가장 적합하다고 평가된다. 2013년부터 2017년 기간은 예측 자료를 활용하였다.

8) 예를 들면 앞에서 인용한 서울시 고등학생 학업 성취도 분석 연구의 결과를 보면 사교육, 가정 배경, 학교환경의 영어와 수학 성적에 미치는 영향력의 상대적 크기는 각각 1.0/3.7, 22.7/15.8, 5.9/4.3(단위 %)으로 나타났다. 이 수치를 보면 사교육 자체는 학교 교육에 비하여 영향력이 크다고 할 수 없다. 이 연구에서 보면 영어 성적의 경우 사교육과 가정 배경의 영향력의 크기는 합하여 23.7인 반면 학교의 영향력의 크기는 5.9로 가정이 아이들의 성적에 미치는 영향력이 학교와 비교하여 4배 정도 크다. 다른 연구, 〈임천순 · 박소영 · 이광호(2004), 사교육이 학업 성취에 미치는 영향, 교육재정경제연구 13(1), 331~356쪽〉는 지역에 따라 사교육의 영향력 유무가 달라지고, 부모의 사회경제적 지위는 학업 성취에 의미있는 영향이 있으나, 여러 형태의 사교육은 대체로 학업 성취에 의미있는 영향력을 가지지 않는 것으로 분석하였다. 이 논문은 오히려 학생의 사교육에 대한 의존도와 선호도 등 심적 상태가 사교육과 밀접한 관련이 있는 것으로 확인되었다고 한다.

다. 이러한 내용을 종합적으로 해석해 보면 부모의 사회경제적 지위는 직접적으로 또는 사교육비라는 간접적 요인에 의해 전체적으로 학생의 학업 성취도에 불변적인 영향을 미치는 요인으로 이해할 수 있다.

한편으로 OECD에서 교육의 질과 기회 균등을 국가별로 비교 분석한 결과를 보면 한국은 교육의 질은 높으면서도 교육의 기회 균등이 동시에 달성되고 있는 국가군에 해당되는 것으로 분석되고 있다. 이 분석에서 교육의 질은 학생들의 학업 성취도 수준으로, 그리고 교육 기회 균등은 부모의 소득 차이와 학생 성적 차이의 관계 정도로 평가되고 있다. 2005년 당시 OECD 사무총장인 Barry McGaw가 한국 교육의 경우 두 마리의 토끼를 동시에 다 잡고 있다고 보고[9]한 이후 지난 10년 이상 이러한 경향은 지속되고 있다.

다만, 이러한 분석들에도 불구하고 국내의 대부분의 연구들과 현실적인 경험들은 학생 학업 성취도로 나타나는 교육의 격차 내지 양극화가 지속적으로 확대되어 가고 있으며, 이러한 양극화는 부모의 사회경제적 지위 다시 말하면 사회의 양극화가 그 원인이 되고 있음을 확인해 주고 있다.

교육사회학에서는 교육의 기회 균등을 몇 가지 단계로 구분하여 이해한다. '교육 접근 기회' 중 '허용적 평등'의 단계는 가장 기본적인 수준으로서 대한민국 헌법 제31조에 명시되어

9) Barry McGaw(2005), *International Perspectives on Korean Educational Achievement*, KEDI Journal of Educational Policy, vol2, no2, pp.5~21.

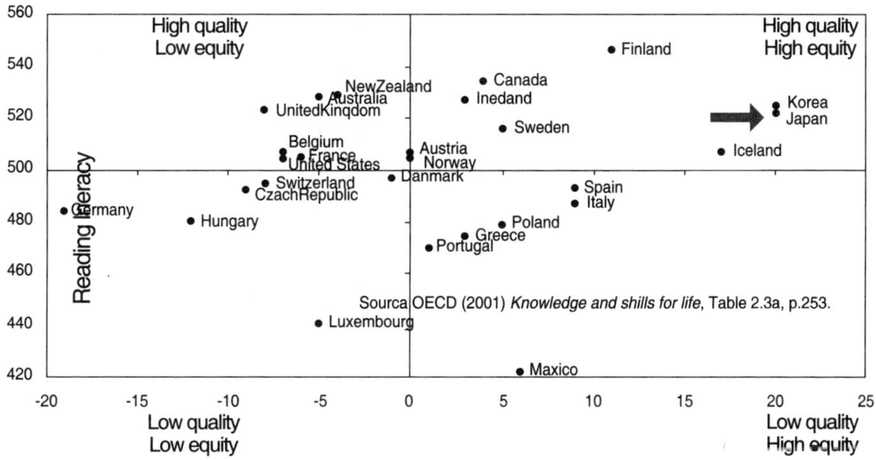

"Korea is clearly in the top right quadrant which can be considered to be high quality and high equity."
Barry McGaw, OECD, June 2005(16쪽)

〈그림 3–2〉 양과 질 : 두 마리 토끼

있는 바와 같이 신분, 성별, 종교 등에 차별받지 않고 교육을 받을 수 있는 기회가 동등하게 허용되어 있다. 그러나 이러한 허용만으로 교육 기회가 완전하게 주어지는 것은 아니다. 허용은 되었지만 개인 학생의 입장에서는 현실적으로 다양한 원인에 의하여 교육의 기회는 제한될 수 있다. 등하교 왕복 시간이 3시간 내지 4시간이 걸릴 정도로 학교가 너무 먼 곳에 있다면 교육 기회가 주어진 것이라 할 수 있을까? 등록금이 너무 비싸다면? 그래서 사실상 이러한 지리적 · 경제적 · 사회적 등의 제반 장애를 제거하여, 허용된 교육 기회를 실제로 향유할 수 있게 하는 '보장적 평등'을 요구하게 되는 것이 다음 단계이다. 이러한 의미에서 우리 대학생들의 반값 등록금 주장은 교육 기회의 보장적 평등에 그 정당성의 근거를 두고 있다고 할 수 있다.

더 나아간 평등을 주장하는 사람들은, '학교에 다닌다고 교육 기회가 평등하다고 할 수 있는가?'고 묻는다. 학교마다 교사가, 시설이, 교육 프로그램이 다르다면, 이 또한 차별이라 할 수 있다는 것이다. 따라서 교육이 실행되는 과정에서 구비되는 제반 조건들을 동일하게 해달라는 요구를 할 수가 있다. 이러한 단계를 '교육 과정(조건)의 평등'이라고 부른다. 평등의 마지막 단계에서, 현실적으로 확보되지 않은 기회와 과정상의 불평등과 확인되지 않은 기회와 조건의 불평등에서 발생할 수밖에 없는 교육 결과의 차이에 대한 시정을 요구할 수 있는 '교육 결과의 평등'을 주장할 수 있다.

역차별의 논란이 발생하는 영역이지만, 마지막 단계의 결과 평등 또한 현실 속에서 부분적으로 수용되고 있다. 대학 입시에서 농어촌 학생에 대한 특별 전형이나 지역별로 시행되는 지방 대학생들의 공무원 임용 제도 등이 그 예가 될 수 있다. 교육의 기회 평등을 이러한 단계적 개념으로 이해한다면 지금 우리 사회에 드러나고 있는 교육 격차의 확대는 교육의 보장적 그리고 과정(조건)의 불완전한 평등이 만들어내는 교육 결과의 불평등 심화 현상으로 이해할 수 있다.

4. 국가 교육과정의 파행적 운영

우리 아이들은 몇 점짜리인가?

앞선 이야기들을 종합해서 간단히 설명하면, 우리 아이들은 교과 시험 성적으로 나타나는 학업 성취도는 세계적으로 우수하지만, 인성과 고등 정신능력(사고력) 수준은 기대에 미흡하다. 그나마 높은 학업 성취도도 학교보다는 가정배경의 차이에 따라 양극화 현상이 심각하게 나타나고 있다.

국가에서 공립학교를 설립해서 운영하고, 사립학교를 지원해서 공교육을 시행하는 목적은 우리 아이들을 지 · 덕 · 체가 균형 있게 발달한 전인으로 기르는 것이다. 지 · 덕 · 체가 균형 잡힌 사람은 구체적으로 어떤 특성을 가지는가? 이것은 우리 정부(교육부)에서 고시하는 교육과정[1]의 총론에 구체적으로 나타나 있다. 교육과정 총론에 보면, 초 · 중 · 고[2] 학교 교육을 통하여 길러내려고 하는 최종적인 우리 아이들의 모습, 즉 교육 목표로 추구하고 있는 '인간상'이 제시되어 있다.

---

1) 교육부(2015), 초중등학교 총론 및 각론 교육과정, 교육부 고시 제 2015-74호

2) 초 · 중 · 고의 표현은 각각 초등학교, 중학교, 고등학교를 의미하고, 초 · 중등으로 표현하면 초는 초등학교, 중등이란 중학교와 고등학교를 의미한다.

"우리나라의 교육은 홍익인간의 이념 아래 모든 국민으로 하여금 인격을 도야하고, 자주적 생활 능력과 민주 시민으로서 필요한 자질을 갖추게 하여 인간다운 삶을 영위하게 하고, 민주 국가의 발전과 인류 공영의 이상을 실현하는 데 이바지하게 함을 목적으로 하고 있다."[3)]

이러한 교육 이념을 바탕으로, 이(대한민국) 교육과정이 추구하는 '인간상'은 다음과 같다.

가. 전인적 성장의 기반 위에 개성의 발달과 진로를 개척하는 사람
나. 기초 능력의 바탕 위에 새로운 발상과 도전으로 창의성을 발휘하는 사람
다. 문화적 소양과 다원적 가치에 대한 이해를 바탕으로 품격있는 삶을 영위하는 사람
라. 세계와 소통하는 시민으로서 배려와 나눔의 정신으로 공동체 발전에 참여하는 사람

'가'에서 '라'까지 4가지로 설명되고 있는 우리 교육의 구체적인 목적은 우리 국민들이 살아가는 각각의 생활 공간에서 기대되고 확인될 수 있는 지 · 덕 · 체(인지적, 정의적, 심동적)가 결합된 특성을 가장 압축적이고 종합적으로 표현하고 있다. 우리는 적어

3) 이것은 교육기본법 제2조에서 설명되고 있는 우리의 교육이념이다.

도 12년의 초 · 중등 교육을 통하여 이러한 자질과 역량을 가지는 아이들로 키우기 위해 공교육을 시행하고 있다.

필자는 대학에서 교육학개론 강의 시간에 수강하고 있는 교육대학원과 학부 학생들에게 물어본다. 우리나라 초 · 중등 교육과정이 추구하는 이 인간상을 제대로 갖추고 있다고 평가되는 사람에게 임의로 100점을 준다면, 우리 고등학교 졸업생들은 평균적으로 몇 점 정도로 평가될 수 있을까? 학생들의 채점 결과는 평균 50점을 넘기기 쉽지 않다. 적어도 지난 5년 동안 이 점수는 30점에서 70점 사이를 맴돌고 있다. 대학원 학생들의 평가는 학부 학생들보다 상대적으로 더 부정적이다. 학생들 스스로가 자신들이 경험했고 바라보는 우리의 공교육을 위기로 평가하고 있다. 대학원 졸업 시험에서 졸업 가능한 최저 점수가 100점 만점에 70점인 것과 비교하면 우리 아이들에게 기대되는 바람직한 인간상으로서의 지 · 덕 · 체 상황은 이미 낙제 수준이다.

실제 몇 점이나 될지는 더욱 체계적인 연구를 통해서 확인될 수 있겠지만, 앞서 살펴본 우리 학교 현장에서의 인성 교육과 사고력 교육 실태, 인성과 사고력 수준의 현실에 기초해 볼 때 우리 교육의 위기 현상을 인정하지 않을 수 없다. 적어도 우리 정부가 공식적으로 내세우고 있는 교육과정 상의 목적이 만족할 만한 수준으로 달성되고 있다고 주장하기 어렵다. 우리 교육이 그 목적으로 하고 있는 학생들의 인지적, 정의적, 심동적 특성을 균형 있게 발달시키는 일이 제대로 실행되지 않는, 이 공교육 위기 현상은 왜 발생하고 있는 것일까?

주입식 암기 교육의 폐해

교육과정의 논리를 보면 사실상 답은 비교적 간단하게 도출될 수 있다. 교육과정이란 교육 설계도를 말한다. 설정된 교육의 목적을 달성하기 위해서 12년 동안 초등학교, 중학교, 고등학교에서 무엇을 어떻게 가르치고 배울 것인지를 설명하는 계획서이다. 아이 키우는 일을 집짓는 일에 비교하면 교육과정은 설계도와 같다. 이 계획서는 총론과 각론으로 구분된다. 총론에서는 앞에서 확인한 교육의 목적과 이 교육 목적을 다시 초 · 중 · 고 학교급별로 구분하여 단계적으로 설정하는 것을 포함한다. 동시에 이 목적을 달성하기 위해 어떤 과목을 어떤 학년에서 얼마나(몇 시간)이나 공부할 것인지 설명하는, 12년 동안의 개괄적인 시간표를 제시하고 있다. 각론은 이 12년의 시간표에서 확인되는 교과목과 학년에 따라 구체적으로 어떤 내용을 어떤 방법으로 공부할 것인지를 보다 구체적으로 설명하는 부분이다.

이 총론과 각론으로 구성되는 교육과정은 우리나라 교육 전문가들에 의해, 그들이 가진 전문적인 지식에 의해 만들어진다. 적어도 그들의 전문성이 총 동원되었을 것으로 기대된다. 교육 전문가라 함은 교육과정 전문가는 물론 교육심리학자, 교육철학자와 같은 교육학자들과 각 과목별 전공 학자들, 그리고 각 과목 교육의 전문가들인 수학교육학자, 과학교육학자, 사회교육학자, 국어교육학자, 음악교육학자, 미술교육학자, 체육교육학자 등의 전문가들을 말한다. 이들 전문가들은 그들의 전문성에 기초해서 교육의 목적으로 설정된 인간상을 구현해 내는데 필요한 교육으로 어떤 과목이 어떤 학년에서 얼마나 어떤 방법으로 가르치고 학습해야 하는지를 총론과 각론으로 제시한다. 다시 말하면 총론과 각론으로 구성된 교육과정에 나타나는 12년 동안의 교육 계획서대로 하면 우리 아이들이 지 · 덕 · 체가 균형 있게 성장하여, 개성이 발달하고 진로를 개척하고 창의성을 발휘하고 품격을 갖춘 문화인이 되고 세계와 소통하는 시민이 된다는 것이다.

그러면 지금 우리 아이들이 공교육 위기 현상을 맞으면서 이런 특성을 가지는 아이로 성장하지 못했다면 그 원인은 무엇일까? 여러 원인을 생각해 볼 수 있겠지만 무엇보다 먼저 우리 학교에서 교육과정에 나와 있는 교육 계획서 대로 선생님은 가르치고 아이들은 배웠느냐(교수-학습 활동)는 질문을 해보아야 한다. '이런 아이를 만들기'(결과 = 교육의 목적, 인간상) 위해 '이렇게 하자'(원인, 수단 = 교육 계획서, 편성된 교육과정)고 했는데 기대했던 대로 아이가 성장하지 않았다면 제안된 대로 했는지부터 확인하는 것은 당연한 논리적 절차이다. 우리 교육과정이 완벽하지 않고 시대적 상황에 맞추기 위해 매년 조금씩 개정되고 있지만, 적어도 현재 국제 사회에서 인정되고 있는 교육학적인 지식들이 최대한 동원되어 교육과정이 구성되고 있다고 믿는다는 전제하에서이다.

결론적으로 이야기하면 교육 목적이 달성되지 못하고 있는 것은 〈그림 4-1〉에서 보는 바와 같이 1차적으로는 우리 교육이 당초 설계된 교육 계획서(교육과정)대로 학교 교육을 운영하고 있지 않기 때문이다. 교육 계획서대로 하지 않으면 무슨 교육을 하고 있는가? 우리가 알고 있는 바와 같이 '주입식 암기 교육'을 한다. 우리 교육은 학교에서는 물론 가정과 학원 등 교육이 일어나는 도처에서 대학입학시험 – 대표적인 것

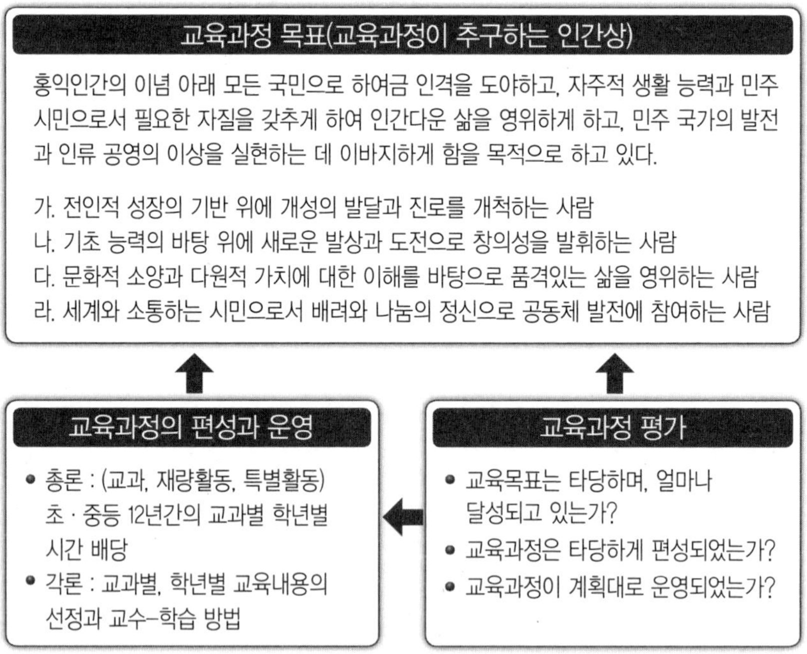

〈그림 4-1〉 교육과정의 논리(교육의 결과와 원인)

은 선다형으로 구성된 수학능력시험 – 을 효율적으로 준비하기 위한 것이다. 학교가 교육과정에서 주어진 교육 계획서대로 교수–학습 활동을 하지 않고 주입식 암기 교육을 하고 있는 현상을 '교육과정의 왜곡', '교육과정의 파행적 운영'이라고 부른다. 전인교육 하자고 만들어 놓은 교육과정을 주입식 암기 교육과정으로 변형, 왜곡하여 운영하고 있는 것이다.

주입식 암기 교육이란 학습자인 학생들의 일반적이고 개별적인 특성과 교과의 학습 내용의 특성을 고려하지 않은 상태에서, 교과 내용 지식을 기계적인 방식으로 기억하게 하는 교육으로 정의된다. 이러한 교육의 결과는 학습 내용이 학습자의 사고 체계와 무관하게 기록되고 암기됨으로써 학습된 지식이 학생의 사고 과정에 변용되지 않는다. 결과적으로 학습 내용이 학습자를 변화시키지 못하는, 다시 말하면 학습하는 지식에 대한 의미나 성찰, 생각이 없는 정답 외우기 교육이다.

에리히 프롬(Erich Fromm, 1900~1980)은 인간 삶의 양태를 소유와 존재로 구분한다[4]. 소유와 존재는 근본적으로 인간 체험의 두 가지 다른 형태로, 그 각 양식의 강도가 개인의 성격 및 여러 유형의 사회적 성격의 차이를 결정한다고 한다. 이러한 양식의 차이가 학습의 차이도 만들어 낸다. 그 차이는 소유적 학습과 존재적 학습으로 구분해서 설명할 수 있다. 소유적 양식으로 학습하는 학생, '소유적 실존 양식에 젖어있는 학생들

4) Erich Fromm(1996), *To Have or To Be* 소유냐 존재냐(차경아 역), 서울: 까치글방.

은 오로지 한 가지 목표를 가진다. “학습한 것”을 기억 속에 새기거나 기록을 용의주도하게 보관함으로써 굳게 지킨다. 새로운 것을 창조하거나 생산할 필요가 없다. 사실상 소유형 인간은 자신의 주제에 관한 새로운 사상이나 관념과 맞닥뜨리면 불안해한다. 새로운 것은 그가 수집하고 확보한 기존 정보를 회의하게끔 몰아세우기 때문이다’[5].

반면에 존재적 양식으로 학습하는, ‘존재 양식으로 세계와 관계를 맺고 있는 학생들은 그저 수동적으로 낱말과 사상을 수신하지 않고 경청하며, 듣는데 그치지 않고 능동적이고 생산적으로 수용하고 대응한다. 학생이 들은 것은 학생 고유의 사고 과정을 자극한다. 새로운 의문, 새로운 관념, 새로운 전망이 떠오른다. 학생들은 자기 나름대로 충격을 받고 변화한다. 강의를 들은 후에는 그 이전과 다른 사람이 된다’.[6]

이러한 양식 구분에 따라 이해해 보면, 우리 아이들이 하고 있는 주입식 암기 교육은 소유적 학습 양식에 해당된다. 학습을 통해 얻는 지식이 학생의 내면에서 변용되어 자신을 변화시키는 데 작용하지 않고 단지 머릿속 기억의 창고에 저장되어 있다. 그리고 필요할 때, 문제를 풀 때, 꺼집어내어 정답을 확인하는 데 사용하는 단순한 정보에 지나지 않는다. 결국 우리 아이들은 교육을 받아도 일반적으로 표현되는 ‘교육 받은 사람’이 되지 못한다. 그저 ‘지식을 가지고 있는 사람’에 지

5) Erich Fromm(1996), 49쪽.
6) Erich Fromm(1996), 49쪽.

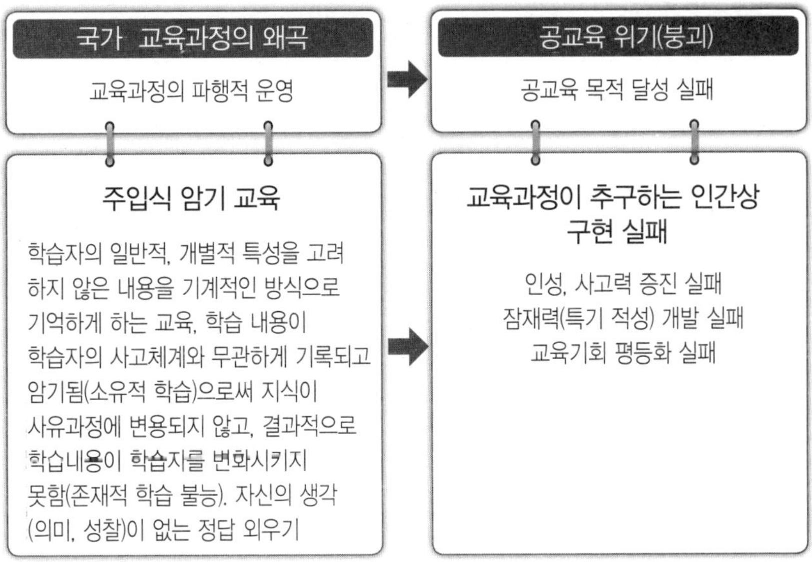

〈그림 4-2〉 우리 교육의 현실 상황

나지 않는다.

우리가 도덕 과목을 학교에서 왜 가르치는가? 물론 도덕적 지식도 필요하지만, 도덕을 배우고 나면 그 학생이 좀 더 도덕적인 사람이 되기를 기대하기 때문이다. 그런데 주입식 교육을 받는 우리 아이들은 도덕적 지식을 사유하는 과정을 거치는 동안 자기 속에서 내면화하여 도덕적인 사람으로 변하기보다, 그 지식을 머리속 기억의 창고에 넣어 두었다가 도덕 시험 시간에 사용하고 있을 뿐이다. 사유, 생각이라는 경험적 과정을 거치지 않기 때문에 내면화할 기회를 얻지 못한다. 이러한 현상은 비단 도덕과목에서 뿐 아니라 국어, 수학, 과학, 사회, 미술, 음악 모든 과목에서 적용된다.

주입식 암기 교육은 우리 아이들로 하여금 소유론적 학습을 유도한다. 자신의 인지적, 정의적, 심동적 특성이 무엇인지 알지 못하게 하고, 잠재력이 무엇인지 알지 못하게 하고, 특기 · 적성이 어디에 있는지 알지 못하게 하고, 인성과 사고력이 개발되지 못하게 하고, 바람직한 인간상으로 발달하지 못하게 한다. 한편으로 주입식 암기 교육은 사실상 교육의 양극화를 더욱 용이하게 만들고 있다. 왜 그런가? 이런 우리 교육을 이해하기 위해 우리 사회를 들여다볼 필요가 있다.

제2부 한국인의 특성

교육과 사회는 닮은꼴

상한 음식이 위를 아프게 하는 원인일 수 있기 때문에, 배에 통증이 느껴지면 음식을 잘못 먹었나 생각해 보는 것은 논리적인 추측이다. 음식 섭취를 일시 중단하든지, 잘못 먹었다고 생각되는 음식을 바꾸어 먹어본다. 그래도 여전히 배에 통증이 지속되면 음식 잘못이 아니라 위에 무슨 문제가 있나 생각해 본다. 더 나아가서 위뿐만 아니라 위에 통증을 줄 수 있는 다른 신체 부위에도 무슨 잘못이 있나 생각해 본다. 몸 전체에 이상이 있나 생각해 볼 수도 있다. 모두 논리적인 추측이다. 신체를 구성하는 각 부분들은 서로 기능적으로 연계되어 있다. 각 기관들 간에, 각각의 기관과 몸 전체가 서로 영향을 주고받으며 유지되는 현상은 생명체가 가지고 있는 자연적이고 일반적인 현상이다. 이러한 방식으로 기능하는 생명체를 유기체라 부른다.

오거스터 콩트(Auguste Comte, 1798~1857)는 이런 방식을 사회현상을 설명하는 데 적용하였다. 사회유기체설이라는 이 이론은 허버트 스펜스(Herbert Spence 1820~1903)에 의해 더욱 구체적으로 설명되었고, 시중의 수많은 전문, 비전문 서적에서 체제 이론으로 설명되고 있다. 사회 또한 생명 유기체와 같아서 사회를 구성하는 각각의 부분들 간에 그리고 그 부분들과 사회 전체 간에 서로 의존적인 상호작용을 하며 유지 발전되어 간다. 사회의 어느 한 영역이 그 기능을 제대로 작동하지 못

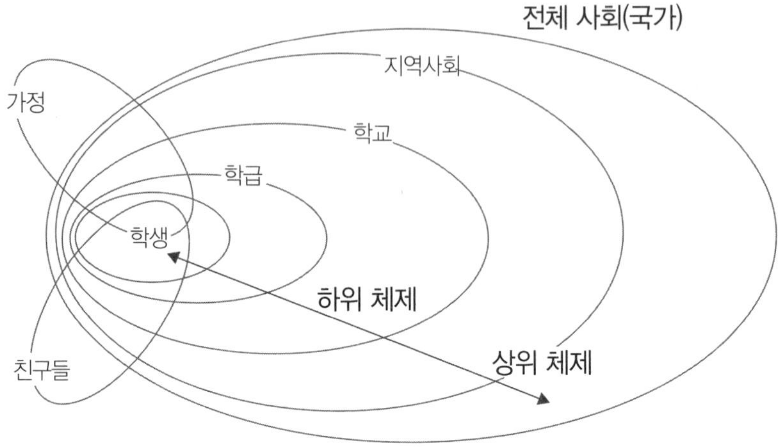

〈그림 5-1〉 다층 구조적 교육 체제

하면, 이 효과가 다른 영역으로 파급되고 전체 사회에 영향을 미치게 된다. 사회 전체가 역기능적으로 작동되고 있으면 어느 한 영역의 자구 노력도 제대로 효과를 볼 수 없게 된다. 영역 간에 그리고 작은 영역과 큰 영역 간에 서로 영향을 주고받고 있기 때문이다.

체제이론가들은 제도와 사람의 관계에 대해서도 설명한다. 흔히 우리는 신토불이(身土不二)를 이야기한다. 우리 몸 체질에 맞는 우리 음식이 따로 있다는 것이다. 플로리다 산 오렌지에서 씨를 받아다 서울에 심으면 오렌지 나무에서 오렌지가 아니라 탱자(같은 오렌지)가 열린다. 과일의 성장도 신토불이다. 외국 제도를 우리나라에 적용한다고 그대로 효과가 나타나지 않을 수 있다는 것은 이제 일반화된 지식이다. 몸과 음식이 서로 맞아야 하고 나무와 토질도 서로 맞아야 하듯이, 제도와 사람도 서로 맞아야 순기능적으로 작용한다. 제도와 사람이 서로 맞추어 주어야 상생한다. 제도만 사람에 맞추어져야 하는 것이 아니라, 때로 필요하다면 사람도 제도에 맞추어야 한다. 오렌지를 우리 땅에서 키워서 먹고 싶으면, 토질과 기후 개선을 해야 한다. 토질과 기후를 변화시키지 않고는 탱자밖에 못 먹는다. 합리적인 제도를 통해 합리적인 사회를 만들기 위해서는 사람도 합리적으로 생각하고 행동해야 한다.

아이 어른 할 것 없이 교육이라면 고개를 절래 절래 흔든다. 우리 교육엔 무슨 문제가 그리 많은가? 수도 없는 제도 개혁이 지속적으로 이루어져 왔는데도 교육 문제는 꼼작도 않고 버티고 있다. 오히려 갈수록 심해진다. 입시 제도는 정부가 바뀔 때마다 바뀌는데 입시 경쟁은 날로 더 치열해져 가고, 원하는 대학 가기는 갈수록 더 어려워진다. 어디서 실마리를 찾아야 할 것인가? 우선 단순한 논리적 추론을 해 보자.

제도가 바뀌는데도 현상이 변하지 않는다면 제도 탓이 아

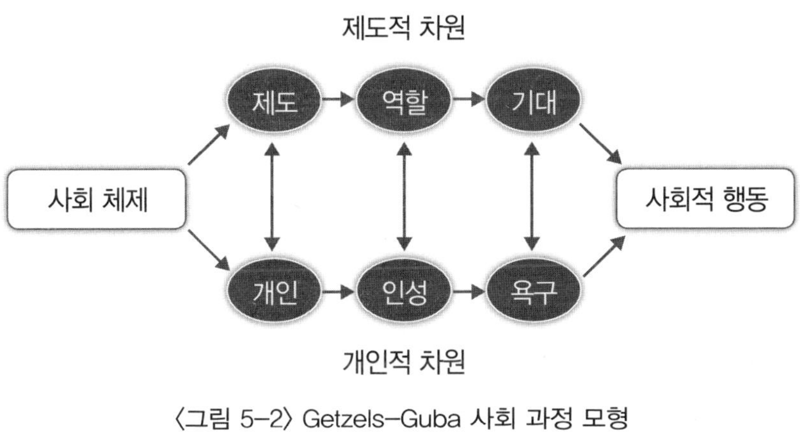

〈그림 5-2〉 Getzels-Guba 사회 과정 모형

니고 사람 탓인가? 교육 내부에서 그리도 많은 개혁 노력을 하고 있다는데도 교육이 변하지 않으면, 원인이 교육 밖에 있는가? 체제이론으로 보면 이러한 질문은 교육 문제 이해를 위해 필수적으로 요구되는 논리적인 추론이다. 반복된 실패에도 불구하고 같은 곳에서 원인을 찾으려고 하는 것은 참으로 어리석은 행동이다. 왜 교육 문제가 해결되지 않고 있는지 확인하기 위해서 교육 밖으로도 나가볼 필요가 있다. 우리 사회 전체 문화가 교육에 어떤 영향을 미치고 있는지도 확인해 보아야 한다. 교육 활동을 하고 있는 우리는 어떤 사람들인지, 이런 사회 문화와 사람의 특성이 교육과 어떤 관계에 있는지 살펴볼 필요가 있다.

물질주의, 관계주의

한국인은 누구인가, 어떤 사람인가? 한국 사회는 어떤 특성을 갖는가? 우리는 우리 사회에서 문제를 인식할 때마다 이런 질문들을 해왔고 또 그 해답을 제시해 왔다. 그런데도 우리는 여전히 그 질문과 해답을 되풀이 하고 있다. 아직까지 속 시원한 해답이 나오지 않았기 때문이다. 확인해 보면 한국인의 특성에 대한 연구가 충분히 이루어져 있는 것도 아닌 것 같다. 마치 한국 사람들 중에서도 출신 지역에 따른 특성 차이를 연구하는 것이 반감을 줄 수 있는 것처럼, 이런 민족성,

국민성을 연구하는 것 자체가 바람직하지 않다는 견해도 있다.

그렇다고 연구가 아주 없는 것은 아니다. 정치, 경제, 사회, 전통 문화, 교육, 종교 등등의 다양한 사회적 활동 영역에서 각 학문 분야별로 우리나라 사람들의 행위에서 드러나는 다양한 특성을 확인하는 연구는 어렵지 않게 찾아볼 수 있다. 그리고 평범한 생활 속에서 확인될 수 있는 일상적인 활동 속에서 드러내는 특성들은 이제는 굳이 전문가의 설명을 듣지 않고도 이미 잘 알고 있다. 조급하다, 역동적이다, 획일적이다, 냉소적이다, 평등주의적이다, 자존감이 세다, 정과 한의 정서를 가지고 있다, 출세주의적이다, 극단적이고 추종적이다, 가면을 쓰고 있다, 체제 순응적이다, 보여주기 식이다 등등. 대부분의 설명들이 모두 그럴듯하다. 아쉬운 것은 이 많은 특성들을 체계적으로 이론적으로 정리하고, 그 결과로부터 개선의 노력을 시도하는데 도움을 얻을 수 있는 정보를 만들어내기가 어렵다는 점이다.

이런 점들을 고려해서 볼 때, 삼성사회정신건강연구소에서 발간한 『한국인은 누구인가』[1)]는 우리 이야기를 전개해 가는데 큰 도움을 준다. 이 책은 이 연구소가 그 전 8년간 수행해 온 '정체성 연구'를 총괄적으로 점검할 목적으로 기획한 한국인의 내면세계에 관한 전문가들의 진단을 주제별로 묶어 놓

1) 김문조 등(2013), 한국인은 누구인가, 38가지 코드로 읽는 우리의 정체성, 서울: 동아시아연구원.

았다. 사회학, 심리학, 법학, 의학, 교육학, 정치학, 종교학 등 다양한 분야의 저명한 학자 38명이 분석 진단하고 있는 한국인, 한국 사회의 모습을 보여준다. 이 책 서론에서 편집위원장은 이 책에서 논의되고 있는 모든 논문들의 내용을 종합하여, 오늘날 한국인의 마음의 지도를 '관계주의', '현세주의', '배상주의'라는 세 가지 축으로 압축하고 있다.

'관계주의'란 아는 이에게는 각별하고 모르는 사람에게는 각박한 내집단 의식을 기반으로 혈연, 학연, 지연, 직연, 넷연 등등의 관계 형성을 추구하는 특성을 말한다. '현세주의'란 '지금 여기'라는 시간적 공간적 한정성 속에서 사후의 세계보다는 살아있으면서 향유할 수 있는 세속적 가치를 추구하는 특성을 말한다. '배상주의'란 자신이 체험한 삶의 모든 고난에 대한 대가를 돌려받기를 갈망하는 보상 의식이 극단화된 상태를 의미한다.

이러한 세 가지 축의 정신세계를 종합적으로 축약하여 한 문장으로 엮어, '친한 사람들끼리 한평생 만복을 원 없이 누리며 살아가는 것'이라고 말하고 있다. 세 축의 특성 설명과 한 문장으로 축약된 내용을 토대로 보면 현세주의와 배상주의는 서로 결합되어 있는 의미로 파악된다. 살아생전으로 표현되는 현세주의는 결국 삶에 대한 배상을 기대하는 시기적 공간적 조건에 해당된다. 결국 한평생 만복을 누리고자 하는 현세주의와 배상주의는 세속적 복락을 목적으로 하는 '복락주의' 내지 '물질주의'로 설명하는 편이 오히려 행위 특성을 더욱 분명하게 이해하는 데 도움이 될 것이다. 이러한 이해는 덧붙여 설명되고 있는, '한국인이 추구하는 "복"은 고난이나 구원을 통해 향유할 수 있는 은총과 같이 성스러운 것도 아니요, 자유 평등 정의와 같은 공적 이념과도 성격을 달리하는 오히려 부귀영화와 같은 세속적 가치의 범주에 속하는 것들이 주류'[2)]라는 설명에서 더욱 구체적으로 확인된다.

물론, 비록 다양한 분야의 전문가들의 분석을 종합하였다 하나, 이 한권의 책이 말하는 한국인의 특성이 말 그대로 오늘날 한국인의 특성을 절대적이고 배타적으로 대표한다고 확신하지는 않는다. 그러나 우리 사회 주변을 돌아보면 이 '물질주의'와 '관계주의'와 연관되는 현상들은 일상생활의 도처에서 발견된다. 이 두 특성이 21세기 한국 사회를 어떻게 얼마나 강하게 특징지우고 있는지 확인해 본다. 그리고 교육 이야기에서 빠뜨릴 수 없는 세계에서 제일 높다는 교육열에 대해서 검토한 후, 사회와 교육이 서로 어떻게 연결되어 있는지 정리해 보자.

2) 김문조 등(2013), 13쪽.

5. 물질주의

돈이면 안 되는 것이 없는가?

우리 사회에서 물질주의는 대다수 한국인들의 생활 전역에서 광범위하고, 전 세대에 걸쳐 시대적 변화 속에서도 지속적이며, 다른 나라 사람들에 비해서도 두드러지게 나타나는 전방위적이고 보편적인 행동 기준으로 작용하고 있는 가치 특성이다. 물질주의란 학문 영역이나 연구자의 입장에 따라 다양하게 정의되고 있지만 쉽게 이해한다면, 물질에 가치의 비중을 두고, 생각과 행위의 주된 판단 기준이 물질 획득 여부가 되는 경향성을 의미한다. 물질주의라 하면 배금주의의 의미가 자연스럽게 연상되는 바와 같이, 이 때 물질이란 돈으로 대표되고, 확대하면 돈으로 획득 가능한 재화에 의해 구성된다. 특히, 물질주의는 높은 수준의 물질적 소비가 목표로 기능을 하고, 일련의 계획을 제공해 주는 생활 방식으로, 구매와 소비가 행복으로 이끈다는 믿음에 의해 특징 지워지고 있다. 이런 의미에서 우리 사회에서 나타나는 강한 물질주의적 성향은 높은 구매와 소비 활동에서도 확인된다.

강한 물질주의적 성향은 정치, 문화, 종교적 활동에서도 그대로 나타난다. 물질의 획득, 소유와 소비를 통하여, 자신의 존재를 확인하고, 나아가서 사회적 성공의 기준으로 삼는 경향성을 가진다. 물질적 재화가 정신을 지배하는 의식과 행동을 규정한다는 의미이기도 하다. 이것은 물질과 대응되는 개념으로서의 인간의 정신적 가치를 경시하는 현상과 동시에 나타난다. 소득(돈)과 행복 사이에 밀접한 관련이 있을 것이라는 믿음이 우리 사회에 보편화되어 있다. 그리고 행복하게 살기 위해서는 우선 무엇보다도 물질적으로 풍요로워야 한다고 믿는다[1].

한국의 경우 다른 나라에 비하여 직업 위세의 차이가 크다. 직업 위세란 사회 구성원들이 어떤 직업에 대해서 일반적으로 가지고 있는 권위, 중요성, 가치, 존경에 대한 인식의 정도로 이해되고 있다. 대상 직업별 직업위세 격차는 한국, 일본, 독일, 미국의 4개 비교 대상국 중에서 한국이 가장 크다.[2] 이것으로 직업에 대한 귀천 의식이 한국인들에게서 상대적으로 가장 크게 나타난다고 해석할 수 있다. 일반적으로 직업 위세에 영향을 미치는 요인 중 가장 영향력이 큰 요소가 일에 대한 경제적 보상으로서의 수입이라는 사실[3]에 기초해서 볼 때, 직업 위세의 격차가 크다는 것은 또한 직업에 따른 수입의 격차에 민감하다는 진단을 내릴 수 있다. 사실상 〈표 5-1〉에서

1) 성연신(1994), 한국인의 그릇된 물질주의와 과소비 유형, 한국심리학회지: 사회문제 1(1), 69~82쪽.
2) 장홍근(2012), 직업위세에 대한 인식의 국제비교, 직업과고용서비스연구 7(1), 15~32쪽.
3) 유홍준 · 김월화(2013), 직업위세 영향 요인 분석, 한국사회학회 사회학대회 논문집 12집, 169~178쪽.

확인되는 바와 같이, 세계 가치관 조사 결과로 나타나는 구직 시 가장 중요하게 고려하는 직업 요소에 대한 국가 간 비교를 보면, 한국의 경우 소득과 안정성, 두 항목의 합이 세계 최고 수준인 반면, 직장 동료나 일의 중요성 요소는 최저 수준에 해당된다.

〈표 5-1〉 구직 시 가장 중요하게 고려하는 집업 요소의 국가간 비교

		충분한 소득	직업 안정성	좋은 직장 동료	일에 대한 자부심(일의 중요성)	전체
전체		29.3	35.1	12.5	23.1	32,914(100)
아시아	한국	36.6	56.9	5.5	11	1,199(100)
	중국	39.2	34.9	13.3	12.7	1,705(100)
	일본	13.7	35.9	26	24.5	1,082(100)
	인도	40.3	44	8.2	7.5	1,737(100)
	인도네시아	31.2	44.9	7.6	16.3	1,945(100)
북유럽	노르웨이	12.6	25.7	13.6	48.1	1,018(100)
	스웨덴	11.3	11.9	27.7	49.1	989(100)
	핀란드	16	34.8	19.2	30	1,008(100)
유럽 외 기타	네덜란드	28.1	15.8	22.3	33.7	1,008(100)
	독일	20.1	53.8	6.8	19.4	2,009(100)
	스페인	29	41.8	15	14.2	1,191(100)
	영국	34.9	17.6	13.6	33.9	997(100)
	이탈리아	21.9	38.4	8.8	30.8	999(100)
	프랑스	19.7	37.7	17.6	25	988(100)
	터키	31.5	33.6	12.5	22.3	1,320(100)
	러시아	56.6	22.6	12.4	8.3	1,989(100)
	남아프리카공화국	30.6	41	8.4	11	2,964(100)
북미 호주	미국	37.5	23.2	8.8	30.5	1,239(100)
	캐나다	22.6	20	16.6	40.5	2,156(100)
	호주	30	25	13	32	1,374(100)
남미	멕시코	19.7	39	10.9	30.4	1,518(100)
	브라질	16.5	47.2	8.3	28	1,494(100)
	아르헨티나	37	37.5	12.4	13.1	992(100)

자료: 세계기관 조사(World Valbe Survey) 4th wave(2006~2008).

이러한 특성은 한국인의 직업 의식에 대한 국내 조사 연구에서도 분명하게 나타난다. 한국직업능력개발원의 직업 의식 조사 보고 자료[4]에 의하면, 한국인의 직업 의식은 G20 국가 일부 및 북유럽 국가와 달리 직업 안정성을 매우 중요하게 여긴다. 이 점은 특히 비선진국과 유사한 특성이다. 동시에 한국인은 직업을 선택할 때 수입(소득)의 중요성에 두는 비중이 커져가고 있다. 상대적으로 보람과 자아 성취, 적성 및 흥미와 같은 내재적 가치의 중요성이 감소하고 있다. 이와 같은 경향은 통계청의 〈표 5-2〉 연도별 직업 선택 요인의 변화에

〈표 5-2〉 연도별 직업 선택 요인의 변화(1980-2009)

연도	수입	안정성	발전성 장래성	명성 명예	보람, 자아성취	정석 흥미	기타	계
1980	48.4	26.7	13.7	4.6	6.6	–	–	100.0
1983	23.2	39.3	19.6	4.1	14.0	–	–	100.0
1988	25.0	43.0	14.5	4.3	12.8	–	0.3	100.0
1991	29.7	37.2	14.3	3.1	15.1	–	0.5	100.0
1995	27.1	29.6	29.2	3.3	10.5	–	0.5	100.0
1998	18.2	41.5	20.7	2.1	16.2	–	1.4	100.0
2002	21.5	34.4	16.1	1.7	8.2	16.4	1.7	100.0
2006	31.7	32.6	10.2	2.6	6.6	12.0	0.1	100.0
2009	36.3	30.4	7.8	3.3	7.4	11.3	0.1	100.0

자료: 통계청, 〈한국의 사회지표〉, 각 연도

4) 임언 · 박천수 최지희(2010), 한국인의 직업의식 및 직업윤리, 서울: 한국직업능력개발원.

한국직업능력개발원에서 4년 주기로 전국민을 대상으로 직업 의식을 조사한다. 이 조사에 의하면, 수입의 중요성이 큰 폭(예, 2002년 21.5%, 2009년 36.3%)으로 증가한 반면, 직업 안정성의 중요성은 소폭이지만 감소(2002년 34.3%, 2009년 30.4%)하였다. 2006년을 기점으로 직업 선택에서 가장 중요한 요인이 안정성에서 수입으로 바뀌었다.

서도 확인된다.

물질적 풍요가 한국 사회의 최고의 가치로 자리 잡게 되었을 뿐만 아니라, 부를 획득하기 위해서 어떤 수단도 정당화될 수 있다는 목적 전치 현상까지 낳는다. 세상의 탐욕을 멀리하라는 가르침이 주된 교훈인 종교에서조차도 물질주의는 위세를 떨친다. 우리의 전통과 사회구조를 기초로 종교적 물질주의가 추론되고 있다. 우리의 종교는 '기존하는 것에 대한 근원적인 물음에 앞장서기 보다는, 세속 세력에 의하여 만들어진 질서에 순응적으로 개입하여 굳어진 질서를 두둔하고 거기에 발맞추어 가는 세력'으로 규정된다[5]. 종교가 일상의 세계에 함몰되어 있기 때문에 그 존앙과 순결성을 잃어버렸다고 비판된다.

우리의 이러한 종교적 성향이 다른 한편으로 존재하는 우리 사회의 강한 물질주의적 특성을 순응적으로 받아들인다. 종교적 신념이 결코 물질적 가치에 대한 사회적 경향성을 뛰어넘지 못하고 있음을 보여준다. 우리 사회의 물질주의 의식은 이렇게도 표현된다. '모든 것을 물질로 표현하고, 모든 것을 주고받는 구체적인 행위의 직접적인 관계로 치부한다. 마음으로부터 우러나오는 고마움은 고마움의 자격을 얻지 못하며, 그것은 무의미하고 무성의한 것으로 평가된다. 마음이 중요한 것이 아니라 구체적인 물질의 표시가 중요한 것이다. 마

5) 박영신(1995), 종교적 물질주의: 우리의 전통과 사회구조, 사회이론 13권, 43~66쪽.

음이 있으면 물질이 있기 마련이라는 생각이며, 그 역의 논리도 성립되는 의식 세계이다.'[6]

시대와 공간을 초월하는 물질주의

이러한 물질적 가치관은 소설이나 판소리의 내용을 통해서도 확인 가능하다. 판소리계 소설 춘향전, 흥부전, 심청전, 허생전, 양반전 등의 작품 속에서 공히 팔자소관의 대상이자 선망의 대상으로 '돈'이 인식되고 있으며, 나아가 '돈'으로 해결하지 못할 것이 없다는 의식의 물질만능주의 모습까지 담아내고 있다.[7] 여기서 도출되는 물질 가치관의 주요 내용으로 빈부의 운명론, 신분과 부의 밀접한 관계, 황금만능주의의 신념 등이 도출된다.[8] 한편 작품 속 인간관계에서도 물질 가치관의 주요 내용으로 마음의 안정과 물질의 연관성, 가족을 위한 물질 추구 신념, 물질 추구에 있어서 사회적 정(情)과 의(義)의 중요성 등이 확인되고 있다.

이러한 물질적 성향은 시대 변화에도 불구하고 지속되고 있다. 물질주의와 탈물질주의에 대한 논의는 세계적 수준에

6) 박영신(1995), 56쪽.

7) 김미령(2000), 판소리계 소설을 통해 본 돈에 대한 욕망, 춘향전, 흥부전, 심천전을 중심으로, 고전과해석 9집, 7~34쪽.

8) 성영신 · 김철민 · 고용우(1995), 한국인의 경제가치관에 관한 연구: 조선 중후기 소설을 중심으로, 한국심리학회지 8(1), 103~139쪽.

서 1970년대 초부터 잉글하트(Ronald D. Inglehart)에 의해 주도되어 왔다. 잉글하트는 세계 여러 나라들의 가치관 조사 자료 분석 결과에 기초하여, 형성기에 궁핍과 동요를 경험한 나이 든 세대는 경제적 안정이나 질서 확립에 높은 가치를 두는 반면, 풍요와 안정을 경험한 젊은 세대는 삶의 질, 표현의 자유, 정치 참여 등 탈물질주의적 측면을 중시하는 경향이 있다고 주장해 왔다. 경제발전이 물질주의 가치에서 탈물질주의로의 점진적 변화를 야기한다는 주장이다.

이후 다수의 논문들[9]이 이러한 이론이 우리 사회에 적용되는지 확인하는 연구 결과를 발표하고 있다. 한 가지 흥미로운 사실은 20대와 30대 젊은 세대는 시간이 경과함에 따라 물질주의자의 비율이 증가한 반면, 40대와 50대 기성세대는 동일한 기간 중 물질주의자의 비율이 감소하고 있다. 그리고 물질주의와 탈물질주의가 결합되어 있는 혼합형의 비율은 20대와 30대의 비율이 줄어들고 40대와 50대의 비율이 증가하

9) 이런 주제를 논의하는 연구의 예.

박재홍 강수택(2012), 한국의 세대 변화와 탈물질주의: 코호트 분석, 한국사회학 46(4), 69~95쪽.

한준 · 이재열(2007), 한국인의 탈물질주의, 한국인의 국가 정체성과 한국정치(강원택 편), 서울: 동아시아연구원, 213~227쪽.

이용옥(2011), 한국인의 물질주의, 한국인 우리는 누구인가? 여론조사를 통해 본 한국인의 정체성(강원택 이내영 공편), 서울: 동아시아연구원, 215~231쪽.

나은영 · 차유리(2010), 한국인의 가치관 변화추이: 1979년, 1998년 및 2010년의 조사결과 비교, 한국심리학회지: 사회 및 성격 24(4), 63~93쪽.

여, 결과적으로 세대차가 줄어드는 효과가 나타났다. 말하자면 전반적으로 물질주의에 대한 세대차 차이는 좁아지면서, 기대되는 젊은 세대의 물질주의적 경향 감소는 나타나지 않고 있다. 전체적으로 오히려 탈물질주의자의 비율이 감소하고 있다. 이런 경향은 일반이론으로 설명되지 않는 우리 사회 물질주의 현상의 특징이다.

이렇게 과거로부터 현재까지 이어지는 우리 사회의 물질주의 성향을 다른 나라와 비교하면 어떤가? 역시 한국인의 물질주의 선호도는 세계적으로도 최고 수준으로 나타난다. 국가간 탈물질주의자 비율은 한국이 다른 나라에 비하여 상대적으로 낮다. 한국은 중국과 더불어 물질주의적 성향이 가장 높은 국가로 평가된다. 구미 선진 공업국들에 비해서는 훨씬 더 물질주의적이고, 조사에 참여한 세계 전체의 평균적인 수준과 비교해도 물질주의 수준에서 더 높은 것으로 평가되고 있다.

특별히 한국과 일본 여자 대학생들의 물질주의 성향을 비교한 경험적 연구도 있다.[10] 여자 대학생들의 물질주의적 성향, 즉 물질, 재산, 돈, 경제 능력 등을 추구하는 성향을 비교하였다. 물질적 소유가 인간의 행복과 관계가 있다고 생각하는 행복 추구 성향, 물질적 부를 사회적 성공의 상징으로 생각하는 성공 추구 성향, 물질의 소유에 의미를 부여하는 소유

10) 김정숙 · 권정원(2003), 한일 여자대학생들의 물질주의 성향, 한국가정관리학회지 21(6), 27~41쪽.

추구 성향 등 3개의 하위 차원으로 구성하여 조사 분석하였다. 그 결과는 행복 추구, 성공 추구, 소유 추구 등 물질주의 성향 모두 한국 여자 대학생들이 일본 여자 대학생들보다 높은 것으로 나타났다. 이중 소유 추구 성향의 차이가 가장 적고, 성공 추구 성향 차이가 가장 큰 것으로 확인하고 있다. 한국 여자 대학생들은 일본 여자 대학생들에 비하여 물질적 부로 더욱 행복해질 수 있으며, 물질적 부가 사회적 성공을 상징한다는 생각을 더 강하게 하고 있다.

결론적으로 보면, 우리 사회의 경우 물질주의는 과거로부터 지속적으로 유지되어 오는 경향을 지니고 있다. 그리고 한국의 사례는 다른 나라와 비교했을 때에도 세계적으로 가장 높은 물질주의 성향을 보인다. 이런 현상은 다른 나라와는 달리 잉글하트의 일반 이론으로부터 벗어나 있다고 평가된다. 경제적인 부가 급속도로 증가해 왔고, 정치적 민주화가 진행되었고, 세계적 수준의 고등교육 취학률과 같은 사회적 상황이 동시에 진행되고 있는데도 불구하고 오히려 한국 사회의 물질주의는 강화되고 있다.

6. 관계주의

혼자선 못 살아

친구 따라 강남 가고, 남이 장에 가면 거름지고 장에 간다 한다. 우리 한국인은 얼마나 관계주의적인가? 우리의 관계주의는 어떤 사회적인 영역에서 어떤 양태로 얼마나 강하게 나타나는가? 다양한 분야의 전문가들의 이 질문들에 대한 대답은 다음과 같이 요약하여 설명된다.

"아는 이에게는 각별하고 모르는 사람에게는 각박한 내집단 의식을 기반으로 한 관계주의의 원형은 혈연 중심의 친족주의라고 말할 수 있다. 친족주의의 전통은 핵가족화가 진행됨에 따라 자기 식구를 우선시하는 가족주의로 응축되어 우리 사회 도처에서 재현되고 있다. 그 점은 끈끈한 가족애나 '출생의 비밀'과 같은 소재들을 앞세운 방송 드라마들이 성행하는 일상 현실에서도 역력히 감지할 수 있지만, 보다 직접적으로는 인사청문회나 부정부패의 가장 큰 몫을 차지해온 것이 자녀 교육을 위한 위장 전입이나 재산 상속을 위한 부동산 투기라는 사실을 통해 통감할 수 있다. 그러나 공동체 해체에 따른 친족관계의 약화나 도시화 개인화 등으로 가족이나 친지가 아닌 사람들과도 어울려야 하는 상황에 처하게 되면서 출신 지역이나 출신 학교를 앞세운 인간관계가 추가되어, 혈연 지연 학연이라는 3연을 기축으로 한 연고주의가 오랫동안 우리 사회에 잔존해 왔다. 더구나 최근에는 직장이나 소셜 네트워킹 서비스를 고리로 한 '직연'이나 '넷연'까지 가세함으로써, 한국 사회는 크고 작은 친소관계로 구성된 '거미줄 같은 인간관계'의 그물망으로 묘사되고 있는 실정이다. 뿐만 아니라 거기에 공과 사를 엄격히 구분하지 않는 전통적 사고가 중첩되면서 나보다 우리가 강조되어 우리 아이나 우리 와이프와 같은 말들이 흔히 쓰이고 공적 관계에 형님, 동생, 아저씨, 언니 등과 같은 친족 호칭이 애호되곤 한다. 또한 개인 사생활에 대한 폭로나 공개가 성행하면서 비공식적 생활 세계는 물론이요, 보편주의가 통용되어야 할 공적 영역마저 연고나 친분을 앞세운 사적 친소관계의 블랙홀로 함몰되어 가고 있다."[1]

개인주의는 집단의 정체성보다 개인적 정체성, 집단의 권리보다 개인의 권리, 집단의 욕구보다 개인 욕구의 중요성을 강조하는 문화의 가치 지향성을 일컫는다. 이와 대조적으로 집단주의는 '나'라는 정체성보다 '우리'라는 정체성, 개인의 권리보다 집단의 의무 그리고 개인적 필요와 소망보다 집단 지향적 욕구와 중요성을 강조하는 문화의 가치 지향성을 일컫는다. 따라서 집단주의 문화는 개인의 목표, 욕구와 견해보다는 내집단(ingroup)의 그것들을 강조하고, 개인의 취향보다는

1) 김문조 등(2013), 9~10쪽.

내집단의 사회적 규범을 강조하며 독특한 개인의 신념보다는 공유된 내집단의 신념을 강조하고, 개인의 성취를 최대화하기보다는 내집단 구성원들의 협력에 더 높은 가치를 둔다.

사회심리학자 호프스테드(Geert Hofstede)가 국가의 문화적 특성을 유형화 하는 방식을 발표한 후 사회 간 문화적 특성 차이를 주제로 하는 많은 연구들이 그의 이론을 인용하고 있다. 호프스테드는 국가 문화의 차원을 평등 문화와 불평등 문화(권력거리), 개인주의 문화와 집단주의 문화, 남성적 문화와 여성석 문화, 불확실성 회피 문화와 수용 문화, 장기 지향 문화와 단기 지향 문화 등 5개의 기본적인 유형으로 구분하고 있다.[2)] 그의 이러한 문화 구분 중에서 특히 개인주의와 집단주의를 구분하는 기준이 이후의 많은 연구에서 적용되고 있다.

이러한 개념에 기초하여 조사[3)]된 국가 간 개인주의 지수를

---

2) Geert Hofsted, Ger Jan Hofstede, Michael Minkor(2010), *Cultures and Organizations* (3rd ed.) 세계의 문화와 조직(차재호 나은영 공역), 서울: 학지사.

호프스테드는 "세계 사람들의 절대 다수는 개인의 이익보다 집단의 이익을 우선하는 사회에 살고 있다. 우리는 이런 사회를 집단주의적이라고 부르겠다. 개인주의란 개인 간의 구속력이 느슨한 사회를 말한다. 모든 사람은 자기 자신과 자기의 직계가족을 돌보면 되는 것으로 생각한다. 반대로 집단주의란 사람이 날 때부터 강력하고 단결이 잘 된 내집단에 통합되어 있으며, 평생 무조건 내집단에 충성하는 대가로 그 집단이 개인을 계속 보호해 주는 사회를 가리킨다"고 말한다.

3) IBM 데이터를 활용하여 76개국 대상으로 조사된 개인주의 지수. 피조사자 집단은 IBM 거대 다국적기업의 현지 회사 근무자들로 국적만 제외하고는 서로 거의 완벽하게 조건이 같은 표본으로 밝히고 있다.

비교해 보면, 한국은 지수 18로 국가 순위 65번째 해당된다. 개인주의 성향이 상당히 낮은 대신 집단주의 성향이 그만큼 높은 국가로 파악되고 있다. 다른 나라 지수와 비교해 보면 대만이 지수 17로 우리 바로 아래의 66번째 국가이다. 우리나라와 대만보다 개인주의 지수가 낮은 나라는 아시아 지역에는 인도네시아와 파키스탄이 있고, 나머지 국가들은 중남미에 위치한 콜롬비아, 베네수엘라, 파나마, 에콰도르, 과테말라 등이다. 우리나라와 대조적으로 개인주의 지수가 높은 나라는 가장 높은 미국이 91이며 호주, 영국, 카나다, 헝가리, 네델란드 등의 순으로 높다. 굳이 비율적으로 표현해 보면 개인주의 성향이 낮은(집단주의 성향이 높은) 국가 순위 85%에 해당되고, 개인주의 지수는 가장 높은 미국의 5분의 1에 해당된다. 지수의 숫자적 크기로만 보면, 한국의 집단주의 특성은 미국의 5배 정도로 강하다.

사실상 개인주의와 집단주의의 구분은 특히 서양과 동양 사회의 특징을 설명하는 데 많이 사용되어 왔다. 서양의 개인주의는 개인의 자유를 중시하는 서양의 역사적 환경의 배경에 의해 주로 설명되어 왔다. 동양의 집단주의는 인간관계 특히 도덕적 인간관계를 중시하는 유교의 오랜 역사 속에서 형성된 문화적 특성으로 설명되는 것이 일반적이다. 이러한 일반적인 구분 설명이 완벽하다기보다는 부분적으로는 사실이고 부분적으로 반드시 그렇지 않다는 증거들이 있다. 그런데 한편으로는 우리나라의 집단주의적 특성은 일반적인 국제적 경향과는 다른 측면을 보여준다.

호프스테드는 개인주의 지수를 1인당 국민총소득(Gross National Income)으로 표시되는 부와의 관계를 확인한 결과, 부의 차이가 개인주의 지수 차이의 71%를 설명하고 있음을 확인하였다. 이것은 부유한 국가는 개인주의 지수가 높고 가난한 나라는 지수가 낮다는 것을 말한다. 다만, 참으로 특이한 것은 한국과 대만은 이러한 일반적인 경향에서 예외적인 사례로 나타나고 있다는 것이다. 같은 동아시아 지역의 인도는 지수 48이며 일본은 46으로 나타나고 그 외 동아시아 지역의 말레이시아, 홍콩, 방글라데시 등 동아시아 지역의 국가들이 우리나라보다 개인주의 지수가 높게 나타나고 있다. 역사적으로 아시아 문화권이 집단주의적 특성을 강하게 나타내고 있는 사회라는 것이 일반적이다. 그러나, 유독 한국은 국제적으로 나타나는 일반적인 변화 경향과 반대로, 경제성장에도 불구하고 더욱 강한 집단주의적 특성을 보이고 있는 것으로 확인된다.

집단주의 내지 연고주의 문화는 부패 친화적이기도 하다. OECD 가입국 중 우리나라를 기준으로 하여 우리보다 청렴지수가 높은 18개국을 포함한 총 19개국을 대상으로 비교한 결과[4]를 보면 조사 대상 모든 다른 나라들의 개인주의 지수가 우리나라보다 높게 나타난다. 개인주의 지수가 낮을수록

---

4) 조은경 · 이정주(2006), 부패친화적 연고주의 문화의 국가별 비교분석, 한국행정학보 40(4), 491~509쪽.

청렴도 지수가 낮아지는 경향을 강하게 보이는 현상과 함께, 우리의 관계주의는 부패와 함께 하고 있음이 확인된다.

동양적 한국적 집단주의로서의 관계주의

한편으로는, 동양의 집단주의를 호프스테드가 설명하는 바와 같은 개인주의와 일차적으로 대응되는 개념으로만 이해하는 것은 문제가 있고, 더욱 복잡하고 특별한 동양적 특성을 추가적으로 보완하여 설명하여야 한다는 주장이 있다.[5)] 일본과 대만, 심지어는 서구 내부에서도 '서구-개인주의 대 비서구-집단주의'의 이분법 모델이 비서구의 문화는 물론 서구의 문화조차도 정확하게 파악할 수 없다고 지적한다. 특히 동아시아를 비롯한 비서구 집단주의 문화는 집단의 목표를 우선시 하고 일체 시 하는 집단주의가 아니라 관계 중심 집단주의 또는 관계주의로 보아야 한다는 주장이 제기된다.

관계주의는 이분법 모델에서 말하는 개인적 자기의식과 집단적 자기의식 이외에 중요한 타인과의 관계에 입각한 제3의

5) 정영태(2007), 동아시아 집단주의에 대한 연구 동향: 일본 대만 서구의 연구를 중심으로, 한국학연구 31집, 691~718쪽.
'호프스테드가 〈문화의 영향〉을 출간한 이래 집단주의는 동아시아를 포함한 비서구사회의 문화적 특성으로 받아들여져 왔다. 우리 학계에서도 인문학, 사회학, 심리학 등 학문분야에 관계없이 거의 모든 연구자들이 우리 사회를 집단주의 문화권으로 규정해 왔다.

자기의식 즉 관계적 자기의식도 포함한다. 이렇게 이해하면, 문화적 특성은 개인주의-집단주의의 구분보다 개인주의-관계주의(관계적 집단주의)- 집단주의의 구분이 더욱 타당해 보인다. 그리고 동양에서 특히 유교적 문화에서 기원하는 문화적 특성은 집단주의보다는 관계주의적인 것에 가까울 수 있다는 주장들이 설득력을 가진다.

한국의 경우에도 다수의 학자들이 이러한 특수한 – 단순히 개인주의와 대비 되는 것이 아닌. 소집단주의 내지 사익적 집단주의로 불리어질 수 있는 – 개념, 동양적 내지 한국적 집단주의적 성격을 규명하기 위해 연구하고 있다. 사실상 사회심리학이 한국 사회의 현상을 이해하고 설명하기 위해서는 외국에서 개발된 이론 이외에도 우리 문화권에서만 유별나게 나타나는 현상을 다루는 연구와 이론 정립이 필요하다. 다른 문화권에는 그들만의 사회 현상을 연구하는 심리학 분야가 별도로 있을 정도이다. 이러한 입장에 기초해서 최상진[6]은 특히 사회심리적 개념으로서의 '우리'를 시각화함과 동시에, 이를 심층적으로 분석하고 있다.

〈그림 6-1〉에서와 같이 한국인에게 있어 '우리'는 개인의 공유성이 상실되지 않는 서구의 집합주의와는 달리, 사회관계 속에서 자기를 상실 포기하는 탈 개성적, 자기 함몰적 '우리성(性)'으로 진화적으로 변해감을 설명한다.

---

6) 최상진(2011), 한국인의 심리학, 서울: 학지사.

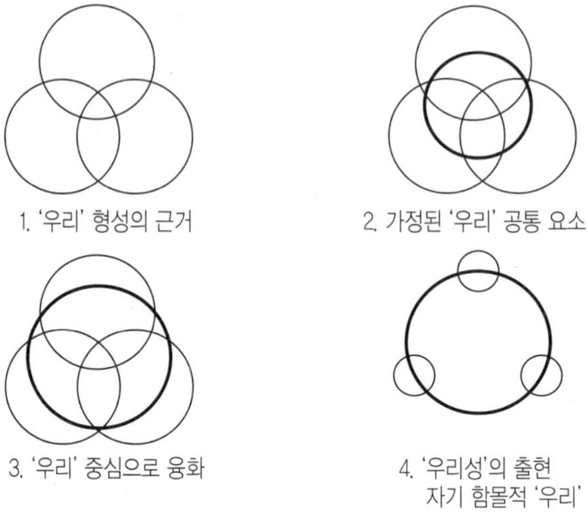

자료원: 최상진(2001), 120~124쪽.

〈그림 6-1〉 '우리성'의 형성 근거와 진화 과정

〈그림 6-1〉의 1에서 4의 과정을 거치는 동안, 가는 둥근 선으로 나타나는 개인들은 굵은 둥근 선으로 나타나는 추상적이면서 동시에 행동적으로 구체화되는 '우리'로 함몰되어 간다. 이 때 마지막 단계인 4에서 '우리성'이 출현되고 개인은 자기 정체가 상실되는 몰개성화가 일어난다. 결과적으로 자기 함몰적 우리의 형성은 인지적 측면뿐 아니라 감정적, 행동적 요소까지 결합되어 강력한 집단적 힘을 발휘할 잠재적 가능성을 내포하게 되며, 이러한 우리의 구조적 특성은 우리에 포함된 대상과 우리에 포함되지 않은 대상을 뚜렷이 구분짓는다. 우리 경계 밖에 존재하는 사람들이 경계 내부로 들어오지 못하도록 배타적인 사회심리적 압력을 낳으며, 우리 구성원들은 우리 경계 내에서 사회적 관계망을 형성하게 된다. 그

는 '우리'에 대한 추상적 개념을 사회적 표상으로 이해할 경우 이것은 개인으로 하여금 '우리'라는 자극어와 함께 다른 수많은 자극들을 떠올리고 그 자극들을 해석하며, 그에 따라 행동을 유발시키는 역동적 성격을 갖는 체계임을 지적하고 있다.

이러한 관계주의는 정실주의, 연고주의 등 사회의 각 영역에서 장점과 더불어 부정적 - 특히 배타적 이기주의적, 수저계급론 등의 - 특성으로 나타나고 있다. 이러한 현상들이 가족주의, 지역주의, 학벌주의 등으로 명명되고 있으면서 정치, 사회, 문화, 경제, 교육, 도처의 사회 영역에서 맹위를 떨치고 있다. 특히 가족주의는 이러한 관계주의의 가장 기본적인 전략적 요충지로 기능한다.[7] 외부 상황의 객관적 조건이 심각한 위기를 부과할수록 지배와 자원을 선점하기 위해 자신의 지위와 가치를 극적으로 제고시키는 경향을 보인다. 나아가 가족의 범위를 벗어나는 곳에서 즉 지역과 학교 그리고 사회 속에서 만나게 되는 다양한 형태의 관계 집단 속에서 가족주의적 관계를 형성해 나가는 현상이 의사 가족주의, 유사 가족주의로 표현되고 있다. 우리의 경우 가족주의가 근대화 이후에도 그 위력을 잃지 않고 있으며, 오히려 유사 가족주의가 사회적으로 더욱 강하게 확산되고 있다.

---

7) 이런 주제를 논의하는 연구의 예

함인희(2013), 한국인에게 가족은 물고기에게 물과 같은 존재인가, 김문조 등 앞의 책 306~319쪽.

권용혁(2013), 한국의 가족주의에 대한 사회철학적 성찰, 사회와 철학 25집, 203~232쪽.

7. 교육열

한국 선녀는 달라

교육과 관련되는 사회적 환경을 이야기하면서 교육열에 대한 이야기를 피할 수는 없다. 교육열은 한국사회의 교육 현실을 이해하기 위한 핵심적 개념일 뿐 아니라, 한국 사회의 과거와 현재를 파악하고 미래를 예견하는데 빠뜨릴 수 없는 현상으로 이해된다. 교육열은 우리의 교육 문화를 가장 잘 표상하는 특징적인 현상, 한국의 교육 성격을 이해하기 위한 인식의 나침판으로 지칭되기도 한다.[1)]

교육열의 구체적 내용 또한 다양한 방식으로 정의된다. '한국인이 소유하고 있는 교육적 열기이다.' '취학하고자 하는 욕구이다.' '부모가 기대하는 자녀 교육의 수준이다.' '입신출세에 필요한 최고의 학력이나 일류의 학벌을 자녀들에게 갖게 하려는 개인적 차원의 사회적 욕망이다.' '자녀교육을 지원

---

1) 교육열에 대한 연구 사례

오욱환(2000), 한국사회의 교육열: 기원과 심화, 서울: 교육과학사 (교육열 현상을 비교적 광범위하게 분석하여 정리한 책으로 평가할 수 있다)

정순우(1999), 한국사회 교육열에 관한 역사 문화적 접근, 교육사회학연구 9(1), 1~16쪽.

강창동(2008), 한국의 편집증적 교육열과 신분 욕망에 대한 사회사적 고찰, 한국교육학연구 14(2), 5~32쪽.

하려는 부모의 동기 체제로서 자녀가 사회적 경쟁에서 우위를 차지할 수 있도록 다 나은 학력을 갖게 하려는 욕구이다.' '교육욕구가 정상 수준을 넘어선 학벌 쟁취 현상이다.' '교육적 질병(열병, 과외병, 학력병, 점수병)이다.' 등과 같이 교육열을 지닌 자들의 심리적 상태에 대한 정의에서부터 그러한 심리에 기초하여 발생하는 행위와 사회적 현상을 설명하는 다양한 내용으로 정의된다. 흥미로운 것 중 하나는, 이 다양한 표현 중에 포함된 공통적인 내용은 교육에 대한 열의가 교육에 직접 참여하는 학습자나 교사의 것이라기보다는 자녀 교육에 대한 부모의 열의라는 것과 그 내용이 부정적이라는 것이다.

60년대 전후부터 20년 남짓 초등(국민)학교 교과서에 소개된 뒤, 거의 모든 국민들이 알고 있을 것으로 짐작되는 「나무꾼과 선녀」라는 선녀 승천담과 관련한 설화가 있다. 비슷한 유형의 이야기들이 스칸디나비아, 몽골, 만주, 일본, 중국, 아라비아, 인도네시아 등 지구촌 곳곳에서 발견되는 세계 광포 설화이다. 서양 사람들이 '백조처녀'라 부르는 이 설화는 몽골과 만주에서는 종족의 시조에 관한 신화로, 일본과 중국에서는 은하수와 칠월 칠석의 유래를 전하는 전설로 전해지고 있다. 서양의 경우 '백조처녀'의 기원을 아라비안나이트 또는 인도 신화에서 그 기원을 찾는다는데, 4세기 중국의 '수신기'에 이미 실려 있을 정도로 기원이 오래되었다.

이 설화는 나라마다, 그리고 우리나라 안에서도 지역에 따라 부분적으로는 다른 내용으로 전해지고 있다. 그런데 우리나라의 '나무꾼과 선녀'에서는 다른 나라와 비교되는 몇 가지 뚜렷한 특징을 발견할 수 있다.[2] 그 중 한 가지가 선녀의 모성애에 대한 것이다. 외국 설화에서는 좀처럼 발견하기 힘들 정도로 강렬하다. 우리나라의 경우 다른 나라와 달리 거의 모든 '나무꾼과 선녀' 설화에서 선녀가 지상계를 떠날 때 아이들을 모두 데리고 간다. 일본이나 중국의 설화에서 아이들을 데리고 승천하는 선녀가 없는 것은 아니지만 그런 선녀가 보편적인 유형은 아니다. 유럽을 포함하는 외국 설화의 경우 백조처녀 또는 선녀는 대부분 아이들을 인간 세상에 남겨둔 채 홀로 떠난다. '견우와 직녀'라는 중국 민담에서 선녀는 승천할 때 남편이 아이들을 데리고 뒤따라오자 공중에 빗을 던져서 은하수를 만든다. 또 '호레도이 메르겡'이라는 몽골 신화에서도 백조처녀는 승천할 때 솥과 국자를 들고 있던 딸이 검댕이 묻은 손으로 발목을 잡지만 냉정하게 뿌리치고 홀로 떠난다.

우리 교육열의 뿌리는 역사 속에서, 특히 과거제도와 유교적 전통에서 찾을 수 있다.[3] 교육열은 조선 시대 양반 가족의

---

2) 김환희(2007), 나무군과 선녀〈2〉, 선녀 승천담 속의 모성애와 사슴, 우리 안의 보물을 찾아 떠난 여행 54호.

3) 이런 주제를 논의하는 연구의 예

이문호(2003), '한국적' 근대화의 특성과 문제점: 재벌과 교육열을 중심으로, 인문과학 40집, 107~132쪽.

박혜인(1994), 한국사회의 교육열에 대한 역사적 고찰 - 과거시험이 가족·사회에 미친 영향을 중심으로, 한국가정관리학회지 12(1), 83~92쪽.

이우진(2013), 유학, 죄인인가? 구원자인가?-교육열과 공부열, 한국교육사학 35(2), 19~39쪽.

권력 지향적 특성이 근대화 과정에서 새롭게 재현되면서 발생한 독특한 문화적 현상으로 파악된다. 양반은 유학자이자 직업 정치인으로서 지식은 곧 권력이라는 표상이 발전하였고, 이것이 한국 사회에 내면화되면서 높은 교육열을 야기했다. 한편으로 과거제가 그 이전의 사회에서 지배적이었던 골품제에서 관료제도로 전환된 문치주의적 사회로 옮아가게 하였으며, 비록 제한된 신분 범위 내에서지만 귀속 지위 이외에 성취 지위가 평가받게 되었다는 점에서 우리 사회의 교육열의 근원과 맞닿아 있다.

물론 학벌을 다투는 현 한국 사회의 교육열은 근본적으로 공부열을 중요하게 생각하고, 학습 결과에 대한 인증을 중요하게 생각한 유가적 전통과 다르기 때문에 교육열의 뿌리를 유가적 전통에서 찾는 것은 잘못된 것이라는 주장도 있다.[4] 오늘날 우리가 문제시 하고 있는 교육열은 한국 근대 교육의 성립과 전개 과정에서 발생하는 특유의 사회적 현상이라는

〈우리 사회의 교육열의 근원과 맞닿아 있다는 설명들을 요약한 사례〉
과거제도의 장악을 통하여 확립된 중앙집권의 관료제와 학문숭상의 전통, 그리고 과거급제를 해야 가능해지는 관리로서의 등용을 주요 가치로 지향하였던 출세주의, 또 가족의 영광은 집안 남성의 과거 급제라는 점에서 여성들이 내면화할 수밖에 없었던 가족주의가 적극적인 교육열의 역사적인 뿌리임을 밝혔다. 이러한 전통은 교육 기회가 평등해진 현대사회에 여전히 한국인의 의식 깊숙이 내재되어 있다. 그러나 학문숭상의 전통 중에서 '수행'을 겸한 학문을 추구한 사림파의 전통은 단절되고, 출세를 목표로 하는 '학벌' 위주의 왜곡된 전통만이 지속되어 과열된 교육열로 표출된다.

4) 정재걸(2002), 한국사회의 교육열 - 기원과 심화, 한국교육 29(2), 597~605쪽.

주장이다. 사실상 교육열에 관한 긍정적 측면과 부정적 측면은 예나 지금이나 존재하는 것으로 보인다. 한국교육개발원[5]에서 조사한 자료에 의하면 '자녀 교육에서 도덕성이나 인간성 교육보다 공부를 잘 하도록 하는 일이 중요하다'는 문항에 대부분의 학부모가 그렇지 않다고 부정적으로 대답한다. 그러면서도 동시에 대부분의 학부모가 자녀가 공부하기 싫어해도 어느 정도 강압적으로 시키는 것이 필요하다고 주장한다. 그리고 과반수 이상의 학부모가 대학 준비 교육은 일찍 시작하는 것이 좋다고 생각하고 있다. 이러한 상황으로 미루어 보면, 학문을 중시하는 유가적 전통이 있었다고 해서 당시의 교육열이 부정적인 측면을 지니고 있지 않았다고 이야기하기는 어렵다.

정부(교육부)에서 발간한 「교육 50년사」[6]에 보면, 해방 이후 중학교 입시 정책은 3, 4년마다 변화를 거듭한다. 1968년 7월 15일 '7.15입시개혁안'을 문교부 정책안으로 발표한 뒤, 이듬해 1969년부터 서울시를 시작으로 '중학교 무시험 입학제'

---

5) 현주(2003), 한국 학부모의 교육열 연구, 서울: 한국교육개발원.
이 연구에서 조사한 자료를 구체적인 통계치로 보면, '자녀 교육에서 도덕성이나 인간성 교육보다 공부를 잘 하도록 하는 일이 중요하다'는 문항에 83.3%의 학부모가 그렇지 않다고 부정적으로 대답. 자녀가 공부하기 싫어해도 어느 정도 강압적으로 시키는 것이 필요하다고 주장하는 학부모가 73.6%. 그리고 50.0%의 학부모가 대학 준비 교육은 일찍 시작하는 것이 좋다고 생각한다.

6) 교육부(1998), 교육 50년사, 서울: 교육부 (1948년부터 1998년까지의 대한민국 교육정책사에 대한 기록)

가 시작되었다. 이후 1970년부터 다른 도시 지역으로 확대되었다. 이 입시 개혁안의 도입 배경을 확인해 보면 다음과 같이 설명되고 있다.

'1954~1959년에 의무교육 완성 6개년 계획이 추진되면서 우리나라 초등학교 취학률은 96%를 상회하는 완전 취학 수준에 도달할 수 있었다. 그러나 상대적으로 중등교육에 대한 지원은 그에 미치지 못하여 1960년대에도 중학교 진학률은 여전히 50% 정도에 머물고 있었다. 결국 중학교 진학 단계에서 커다란 병목 현상을 빚게 된 데다, 소위 명문 학교라는 서열화된 중학교가 존재하는 등 학교 간 격차 문제가 중첩되면서, 중학교 입시 경쟁은 더욱 치열한 양상을 보이게 되었다. 초등학교 학생들은 심신의 발육에 지장이 있을 만큼 밤늦도록 과열 과외에 시달렸으며, 초등교육은 중학교 입학시험에 따라 비정상적으로 운영되는 사례가 많았다. 학부모들의 과중한 사교육비 부담, 재수생의 증가 등 사회적 문제도 심각하였다. 급기야 '무즙파동', '창칼파동' 등에서 보듯이 중학교 입학시험 문제를 둘러싼 논란이 법정으로 비화되는 등 중학교 입시 문제가 커다란 사회적 문제로 되면서 중학교 진학 문제의 근본적인 해결을 요구하는 사회적인 공감대가 형성되어 갔다. 이에 따라 1968년 문교부는 중학교 무시험 입학제를 발표하기에 이르렀다'[7].

---

7) 교육부(1998), 252쪽.

이후 중학교 입학난이 고등학교 입학난으로 옮겨가자, 문교부는 1973년 '고등학교 평준화 정책'을 확정하여 발표하고, 이를 1974년부터 서울 부산을 시작으로 전국 지역으로 확대하기 시작하여 오늘에 이르고 있다.

한국교육개발원 통계분석자료집[8]에 의하면 2015년 우리나라 학생들의 대학 취학률은 68.1%이다. 같은 나이 또래, 예를 들어 고등학교를 졸업하는 나이의 19살 청년들 100명 중 적어도 68명은 대학으로 진학한다는 것이다. 얼마나 많은 사람들이 대학을 가는 것이 좋은가 하는 질문에 대한 대답은 참으로 어렵다. 다만 우리나라의 경우 최근의 통계로 보면 세계에서 대학 진학률이 최고로 높은 나라로 평가된다. 진학률만으로도 우리나라 사람들이 대학을 얼마나 가고자 하는지 알 수 있지만 이해의 폭을 넓히기 위하여 몇 가지 다른 상황을 더 확인해보자. 한국교육개발원의 한국 학부모의 교육열 분석 연구보고서[9]에 의하면 한국의 학부모는 '자녀가 대학 진

---

8) 한국교육개발원(2015), 통계분석 자료집, 고등교육 이수율 -같은 나이의 인구수에 비례한 대학 졸업자 비율- 이 25-34세에 해당하는 청년층의 경우 약 68%로 OECD 국가 중 가장 높다. 55-64세에 해당하는 장년층의 경우 OECD 평균 25%보다 낮은 17%로 세대 간 격차가 있으나, 이것은 그만큼 대학 진학률이 급격하게 증가하였다는 것을 의미한다.

9) 한국교육개발원(2003) '한국 학부모의 교육열 분석 연구' 서울: 한국교육개발원.

'자녀가 대학 진학에 실패할 경우'에도, '대학을 안 나와도 만족할 만한 직업을 얻을 수 있다' 해도, '취업 보수 승진 등에서 학력 격차가 줄어든다' 해도, 여전히 대학에 보내겠다에 대한 응답 비율 각각 41.5%, 52.1%, 58.9%

학에 실패할 경우'에도, '대학을 안 나와도 만족할 만한 직업을 얻을 수 있다' 해도, '취업 보수 승진 등에서 학력 격차가 줄어든다' 해도, 여전히 대학에 보내겠다는 생각을 가지고 있다. 대학 등록금이 아무리 비싸도 등록금을 반으로 깍아 달라고 요구할지언정 대학 진학 의지는 사그라지지 않는다.

사실상 우리의 교육열은 교육비 투자에 대한 국제 비교에서도 잘 나타난다. OECD 통계[10]에 의하면 지난 10여 년 동안 GDP 총국민소득 대비 공교육비 지출은 OECD 회원국 중 가장 높게 유지되고 있다. 그런데 공교육비는 사실상 정부 부담인 예산 지출과 민간 부담인 학생 등록금으로 구성되는데, 이 공교육비에서 OECD 회원국 중 정부 부담 비율이 가장 낮고, 민간 부담이 가장 높은 나라가 한국이다. 다시 말하면 우리는 교육비는 많이 투자하지만 정부가 부담하기보다는 국민의 취학열에 의지하여 지출된 민간 투자 공교육비 - 무상 의무교육에서 제외되는 고등학교 등록금과 세계 최고 수준의 학생 비율을 가지는 사립대학 등록금 - 에 의해 유지되고 있다.

교육에 들어가는 돈은 공교육비만이 아니다. 교육열을 이야기할 때 사교육비를 제외할 수 없다. 사교육은 우리나라 학생 10명 중 7~8명이 받고 있을 정도로 보편화 되어 있으며, 여기에 들어가는 비용은 2010년대를 기준으로 해서 평가

10) 한국교육개발원(2015), OECD 교육지표, *Education at a Glance*, OECD Indicators 2015

해 보면 년 간 20조 원에서 30조 원에 달한다. 이 비용 규모는 같은 기간 정부 교육 예산이 평균 40조 원인 것에 비하면 그 크기의 비중을 짐작할 수 있다. 비록 소득 상위 계층과 하위 계층의 사교육비 투자 규모가 기하급수적인 격차를 보이고 있지만, 소득 수준과 상관없이 사교육비는 지속적으로 증가해 왔고 앞으로도 증가 추세는 지속될 것으로 예측되고 있다.[11)]

한국인의 교육열로 집약되는 대학입시 위주 교육에는 한국인의 '살아나고자 하는 욕망' 곧 삶의 동기 자체가 압도하기 때문이고, 근로 천시, 숭문주의와 속물주의로 타락한 교육에 그 원인을 두고 있기도 하다. 이와 같은 맥락에서 한국 사회의 '빗나간 교육열'은 문화인류학적인 시각에서 제한된 재화를 더 많이 차지하려는 경쟁 상황으로 관찰되기도 한다. 우리 사회가 한국전쟁 과정에서 경험한 깊고 광범위한 결핍 상황 속에서 생존을 위한 전시 상황이 지속되었고, 이러한 과정 속에서 벌어지는 교육열을 교육 전쟁이라 부르기도 한다.[12)]

---

11) 양정호(2013), 우리나라 역대 정부의 사교육비 추이 분석, 교육행정학연구 31(4), 421~448쪽.(1982년에서 2017년까지, 우리나라 역대 정부의 사교육비 추이를 분석하고 예측한 연구)

12) 이런 주제를 논의하는 연구의 예
곽병선(1993), 한국인의 교육열: 교육학적 고찰, 교육진흥 5(4), 102~109쪽.
조용한(1993), '한정된 재화의 이미지'와 한국인의 교육열, 한국교육학회소식 29(3), 9~11쪽.
박남기(1994), 교육전쟁론, 서울: 장미출판사.

오욱환은 이 모든 교육열을 다음과 같은 6가지의 경쟁[13]으로 정리한다. ① 모두가 모두를 상대로 하는 경쟁, ② 내적 발전은 무시되고 외적 비교에만 치중된 경쟁, ③ 가능한 모든 방법이 동원되는 경쟁, ④ 개인전과 집단전이 혼합된 경쟁, ⑤ 범위도 한계도 없는 경쟁, ⑥ 세대를 이어가며 벌어지는 경쟁이다. 우리 교육열이 만들어내는 경쟁의 모습이다. 비록 학자에 따라서는 정서도 자본이라는 긍정적 생각을 기초로 한국인의 교육 정서인 교육열은 한국의 중요한 교육 자본이 될 수 있고, 또 되어야 한다는 주장도 있다.[14]

그러나 우리 교육 현실은 그런 규범적 상황에서 멀리 떨어져 있어 보인다. 그 어떤 근거에서이든 우리 부모들의 자식 교육열은 오늘 부정적인 한국의 교육 현상에 대한 거의 모든 책임을 지고 있는 것처럼 보인다. 우리 사회에 나타나는 거의 모든 교육 병리적인 현상들, 우리 교육 상황을 비판하는 그 모든 표현들, 입시지옥, 기러기 가족, 치맛바람, 과외 열풍, 금수저, 흙수저, 교육 양극화의 원인으로 평가된다. 결국 교육열은 우리 사회가 과도하게 드러내는 물질주의, 그리고 가족주의와 연고주의가 중심이 되는 관계주의가 교육 활동에 나타난 병리 현상에 다름 아닌 것으로 설명할 수밖에 없다.

---

13) 오욱환(2000), 389쪽.

14) 이종각(2011), 교육열을 알아야 한국교육이 보인다, 경기 파주: 이담.

8. 사회와 교육

물질과 관계 획득의 도구가 된 교육, 외재적 목적의 교육과 친한 주입식 암기 교육

교육이라는 현상은 교육이 속한 그 사회 속에서 전체 사회의 하나의 하위 체제로 움직이고 있다. 우리가 우리 교육을 비난하고 불만족해 하고 있지만 교육 문제는 비단 교육 체제의 문제만은 아니다. 사회 전체와 그 영향을 주고받는다. 체제 이론가들은 이것을 투입과 산출의 논리로도 설명한다. 한 사회 영역은 다른 사회 영역들과 투입과 산출이라는 방식으로 상호 작용하면서 전체 사회 속에서 다른 체제들과 영향을 주고받으며 열린 체제로 존속해 간다. 그러지 않은 체제를 닫

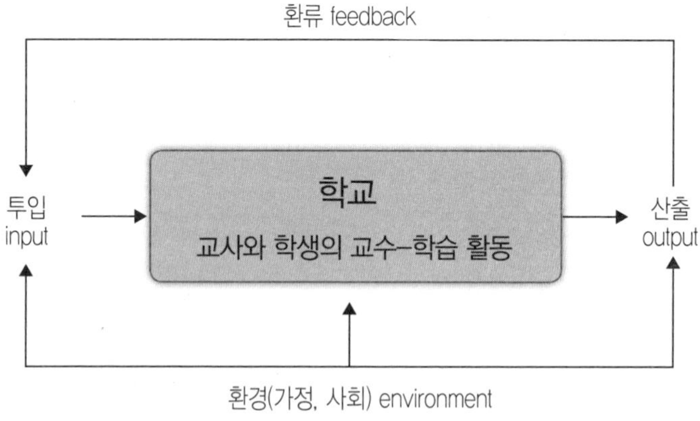

〈그림 8-1〉 학교와 환경간의 투입-산출 모형

힌 체제라 부르지만 실제 사회 속에서 닫힌 체제로 존속하기는 불가능하다.

그렇다면 우리 교육은 우리 사회로부터 무엇을 투입 받고 무엇을 산출로 내 놓는가? 무엇보다도 우선적으로 생각할 수 있는 것은 우리 사회에서 드러나고 있는 주도적인 문화가 교육 활동에 투입될 것이라는 것이다. 교육이 사회의 요구를 받아들이는 것은 참으로 자연스런 일이다. 물론 교육에 투입되는 것은 비단 우리 사회의 비공식적인 문화뿐만 아니라 공식적인 교육과정과 그 교육과정을 운영하기 위한 예산 등이 투입된다. 그러나 여기에도 악화는 양화를 구축한다는 원리가 작용하는 듯하다. 우리 학교는 사회의 비공식적인 문화의 침투를 거부하고 정부가 작성한 문서에 드러나 있는 공식적인 교육과정을 운영하기에는 역부족인 것으로 보인다.

학교에서는 인성과 사고력 함양을 위한 공식적인 교육과정과 좋은 대학 가기 위한 입시 위주 교육과정이 갈등을 일으킨다. 적어도 그렇기를 바란다. 그러나 결국엔 입시 위주의 교육과정이 압도한다. 물질과 관계를 추구하는 학부모들이 원하고 요구하는 입시 위주의 교육을 학교 관리자들과 교사들은 거부하지 못한다. 사실상 학교 관리자들과 교사들 또한 우리 사회의 구성원으로서 우리 문화의 특성을 공유하고 있다. 그들이 지닌 교육자로서의 전문적 권위와 전문가로서의 양심은 안타깝지만 물질주의와 관계주의라는 거대한 사회 문화의 위협 앞에 자의 반 타의 반으로 무너지게 된다. 오히려 교육은 그 본래의 목적과 역할을 포기하고 사회 문화를 수용할 수밖에 없다. 결국 교육은 사회가 요구하는 물질과 관계를 획득하기 위한 수단으로 전락된다.

당연히 경쟁이 수반된다. 물질과 관계는 언제나 제한적으로 존재하기 때문이다. 교육 본래의 목적인 인성과 사고력의 개발, 그리고 이를 기초로 하는 잠재력과 특기 적성의 개발을 위한 활동은 다른 학생들과의 경쟁을 필요로 하지 않는다. 학생 개개인이 지닌 잠재력을 개발시키는 일은 학생들 간에 독립적인 일이다. 굳이 경쟁이라는 표현을 사용한다면 이것은 자신과의 경쟁이다. 그러나 교육이 수단이 될 때 교육의 결과물, 성적(상대평가에 의한 석차)과 이를 기초로 얻어지는 사회적 자원들의 획득을 위한 경쟁이 교육을 경쟁의 대상으로 만드는 것은 자연스럽다.

이 과정에서 유교적 전통이 우리에게 남기고 있을지도 모르는 교육열은 이 경쟁을 더욱 강화시키는 데 도움을 준다. 어쩌면 교육은 중요하고 의미있는 것이라는 유교적 전통에 의지하여 경쟁을 합리화하거나 위안으로 삼고 있을지도 모를 일이다. 객관식 위주의 문항 선택과 단답식으로 치러지는 우리나라 대학 입시 방식에서 경쟁에서 이기기 위한 효과적인 교육 방법은 자연스럽게 주입식 암기 교육이 된다. 이 경쟁하는 주입식 암기 교육이 인성과 사고력 함양 교육을 실패하게 하고, 그나마 획득된 학업 성취도의 양극화를 심화시킨다.

교육학 연구는 교육의 목적을 내재적 목적과 외재적 목적

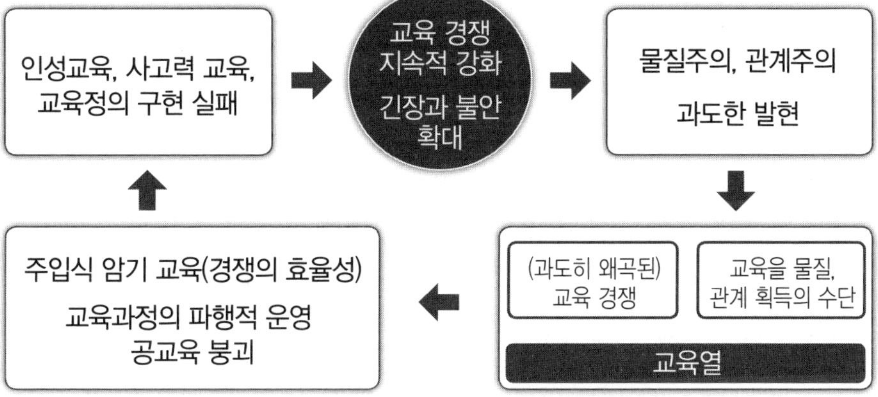

〈그림 8-2〉 사회(환경)과 교육, 불안과 경쟁의 악순환

으로 구분하여 이해하고 있다. 교육을 내재적 목적으로 운영한다는 것은 교육 그 자체를 목적으로 교육 활동을 하는 것이고, 외재적 목적의 교육은 교육 이외의 다른 무언가를 얻기 위한 수단으로 수행되는 활동을 말한다. 예를 들어 수능 시험을 잘 보기 위해 국어 공부를 한다면 외재적 목적이 될 것이고, 문학에 흥미가 있어 국어 공부를 한다면 내재적 목적이 될 것이다. 학생들이 해야 하는 공부는 이 두 가지 목적을 동시에 가진다.

우리가 많은 인적, 물적 자원을 투자하여 학교 교육이라는 국가적 사업을 수행하는 이유는 국민 개개인들이 인간다운 삶을 살아가기 위해 필요로 하는 기본적인 교양과 소양을 키우기 위해서이기도 하면서 한편으로는 국가가 필요로 하는 다양한 분야의 발전에 필요한 지식과 기술을 가진 인적 자원의 양성을 위해서이기도 하다. 이 두 가지의 목적에서 어느 한쪽으로 치우치게 되면 교육은 불완전해진다. 교육이 지나치게 내재적으로만 운영될 때 국가 산업의 균형 있는 발전에 지장을 초래할 수 있을 것이다. 외재적 목적으로만 운영될 때 교육의 내재적 목적으로 추구되는 인간의 자기 완성이라는 교육의 본질로부터 멀어지게 된다.

이러한 상황은 앞서 소개한 에리히 프롬의 학습 개념과 연계해 볼 때 더욱 쉽게 이해될 수 있다. 학습의 효율적인 측면에서 볼 때, 교육의 외재적 목적 추구는 소유적 방식의 학습을 유도하기 쉽고, 내재적 목적의 교육은 존재적 방식의 학습을 유도하는데 유리하다. 문제는 소유적 방식으로 공부하는 학생들은 아무리 교육을 받아도 '교육받은 사람'으로 변하지 않는다는 데 있다. 그저 배운 지식을 소유하고 있을 뿐이다. 다시 말하면 알고 있을 뿐이다. 그 지식이 자신에게, 내 삶에 어떤 변화도 주지 못한다. 변화를 줄 필요도, 원치도 않는다. 도덕 수업을 받고 나면, 도덕이 무엇인지, 어떻게 해야 도덕적인지, 도덕적인 사람이 되는지 알게 된다.

그러나 이 앎이 나를 도덕적인 사람으로 만들지는 않는다. 도덕과 관련된 그 지식은 그저 내 기억 속에 보관되어 있다가 필요할 때 사용하면 그만이다. 우리 학생들의 경우 시험칠 때 기억의 창고 속에서 그 지식을 끄집어내어 확인하고 답안을 선택하고 작성하면 되는 것이다. 나의 목적은 높은 도덕 점수에 있지, 내가 도덕적인 사람이 되는 것이 아니다. 도덕 시험을 잘 치르는 것을 도덕 교육의 외재적 목적이라 한다면,

도덕적인 사람이 되는 것은 도덕 교육의 내재적 목적이라 할 것이다. 이러한 학습 방식은 모든 교과에 적용된다. 우리 아이들은 학교에서, 학원에서, 집에서 공부는 많이 해도, 교육은 많이 받아도, '교육받은 사람'이 되지 못한다. 그저 '암기된 지식'을 많이 가지고 있을 뿐이다.

결과적으로 주입식 암기 교육에 의하여 우리 아이들은 인성이 좋은, 고등 정신 능력으로서의 사고력을 갖춘 사람이 되지 못한다. 그래서 우리는 잠재력이 개발되어 특기적성을 갖춘, 나시 말하면 '교육받은 사람'으로 성장시키고자 하는 공식 교육과정이 추구하는 목적으로서의 과업 달성에 실패하고 있다. 그리고 경쟁에 기초하여 획득되는 학업 성취도는 사회적 재화와 더불어 양극화의 덫에 빠져간다. 이렇게 길러진 아이들은 이들의 부모와 선생님들과 마찬가지로 이 사회에 만연한 물질주의와 관계주의 문화를 어떻게 극복해 가야할지 알지 못한다. 오히려 그런 교육의 과정 속에서 삶의 본질이나 자기실현 보다는 물질과 관계의 중요성을 학습하게 되고, 학교를 졸업하게 되면서 이를 획득하기 위한 경쟁의 대열에 새로운 – 긴장과 불안 그리고 충만한 경쟁심을 가진 – 사회인으로 합류하게 된다.

제3부 **인간의 욕구와 교육**

인간 행동의 원인에 대한 설명

왜 우리 사회는 물질과 관계에 이토록 집착하는가? 주입식 암기 교육은 이런 현상과 어떤 방식으로 연결되는가? 왜 우리 교육은 우리 사회의 문화를 변화시키지 못하는가? 인성과 사고력, 잠재력과 특기 · 적성이 개발되지 못하는 원인은 무엇인가? 왜 물질주의와 관계주의 문화가 경쟁 교육과 악순환의 고리를 반복하고 있는가? 이런 물음에 대하여 근본적인 해답을 세시해주는 지식은 있는가?

인간의 행동을 이해하고, 인간 행동의 변화를 추구하는 노력을 시도하기 위하여 심리학의 동기이론으로부터 도움을 받을 수 있다. 리브(Johnmarshall Reeve)는 인간의 동기에 관한 포괄적인 이론들을 체계적으로 정리한 그의 저서 『동기와 정서의 이해』[1] 서문에서, 동기에 관한 연구가 동기 연구를 시작한 지난 100년 이래 최고의 황금기를 맞고 있다고 말한다.

동기는 인간의 노력, 욕구, 갈망, 포부에 대한 것으로, 우리 자신의 그리고 우리의 학생, 자녀들과 같은 우리가 아끼는 사람들의 노력과 욕구 모두에 관한 것이다. 동기 연구는 '우리는 왜 우리가 원하는 것을 원하는 가'와 '우리는 왜 우리가 하는 행동을 하는 가'를 알고자 한다. 다시 말하면 개인 속에 그리고 환경과 문화 속에 존재하는 모든 조건으로서 우리의

1) John Marshall Reeve(2008), *Understanding Motivation and Emotion*(5th ed.), 동기와 정서의 이해(정봉교 등 역, 2011), 서울: 박학사.

행동과 행동의 강도에 대한 원인을 설명해 준다.

〈그림 9-1〉에서 그려진 바와 같이, 동기는 내적 동기가 외적 사건(환경)을 만날 때 발생한다. 그리고 내적 동기는 욕구, 인지, 정서로 구성된다. 인간의 행동이 유발되고 그 강도가 결정되는 과정을 동기화라고 한다면, 인간의 행동을 동기화시키는 가장 기본적이고 강력한 동기 요소는 욕구이다. 우리는 인간의 욕구를 이해함으로써 동기를 이해할 수 있고, 행동을 이해할 수 있다. 이 책에서는 다양한 욕구 이론 내지 동기 이론 중에서 인본주의심리학의 창시자로 알려진 매슬로(Abraham H. Maslow, 1908~1970)의 동기 이론을 기초로 우리 사회와 교육의 독특한 현상을 이해하고자 시도해 본다. 매슬로의

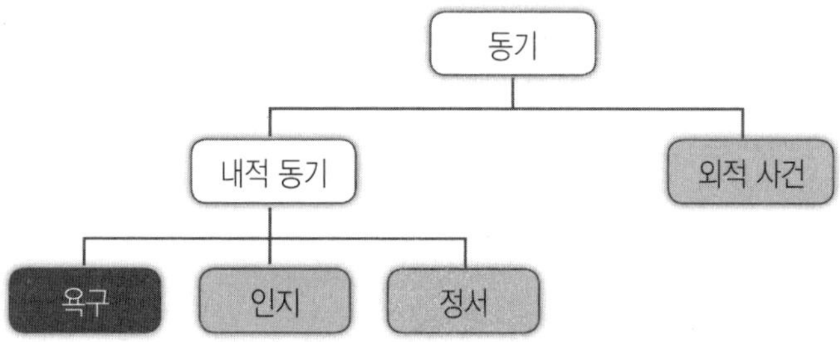

욕구 : 생명의 유지와 성장과 안녕의 육성에 필수적인 개체 내의 조건 인지 : 사고, 신념, 기대 및 자기개념과 같은 심적 사건. 사고방식 정서 : 삶 속의 중요한 사건들에 적응적으로 반응하는 방법을 조직화하는 현상 (감정과 같은 짧게 지속하는 주관적, 생리적, 기능적, 표현적 현상) 외적 사건 : 동기의 환경적, 사회적, 문화적 근원

Johnmarshall Reeve, 동기와 정서의 이해, (정봉교 등 역, 2011, 10쪽.)

〈그림 9-1〉 4가지 동기 근원들의 위계

동기 이론을 선택한 이유는 그의 이론이 내용면에서 우리 사회와 교육 현상을 설명하는 데 가장 적절하다고 판단하기 때문이다. 동시에 피라미드 모양으로 그려진 그의 동기 이론이 비교적 대중적으로 잘 알려져 있어 필자와 독자에게 친숙하게 느껴진다고 생각해서이다.

'제3의 심리학', 내지 '인본주의 심리학'의 창시자로 알려져 있는 매슬로는 가치를 추구하는 과학자가 가치로부터 유발되는 연구를 하는 것이 곧 과학이라 주장한다. 인간 정신의 어두운 부분을 연구하는 정신분석학도 아니고, 인간을 지나치게 기계적으로 이해하려고 하는 행동주의적 심리학도 아닌 제3의 심리학을 제안한다. 제3심리학은 단순히 기술적(記述的)이지만은 않고, 행해야 할 행동을 제안한다고 말함으로써 과학적 연구 태도는 인간의 긍정적인, 규범적인 측면과 그것에 대한 연구의 불가피한 주관적인 측면을 수용해야 함을 주장한다.

과학 활동을 철학 윤리적인 측면에서 도출하고 있는 그의 주장과 이런 태도에 대하여 그의 연구는 엄격한 과학성을 주장하는 주류 심리학으로부터 주관성을 벗어날 수 없다는 비판받아 왔다. 그러나, 오히려 이런 점 때문에 인간의 동기에 대한 이론을 기초로 '훌륭한 인간'의 특성을 발견하고자 한 매슬로의 연구는 훌륭한 인간을 길러내고자 하는 교육 활동에, 그렇지 못한 교육 활동의 개선을 위한 노력에 심리학적 이론의 적용을 위한 기초를 제공해 주고 있다.

9. 동기 이론과 한국인의 욕구 구조

인간이 하고 싶어 하는 것들, 인간의 욕구 구조

매슬로는 어느 하나라도 좌절될 때 병들게 되고, 균형 있게 충족될 때 건강하고 완전한 인간이 되게 해 주는 욕구들을 기본욕구라 부르고, 인간에게 내재되어 있는 기본적인 욕구를 생리적, 안전, 소속감과 사랑, 자기 존중, 자아실현 욕구의 5가지로 구분하여 설명한다. 이 외에 별도로 '지적' 욕구와 '심미적' 욕구를 추가하고 있다. 이 지적 · 심미적 욕구를 자기존중 욕구와 자아실현 욕구 사이에 위치시켜 인간의 기본욕구를 6단계로 구성하고 있다.[1)]

욕구의 단계에서 가장 기본적인 '생리적 욕구'는 수분, 염분, 단백질, 칼슘, 미네랄, 호르몬, 비타민 등 신체에 필요한 화학물질을 섭취하여 생리적 항상성을 유지하고자 하는 욕구와 성욕, 수면욕, 운동욕 등 물리적 생존 조건들을 의미한다.

---

1) 아래의 책과 논문을 기초로 매슬로 동기이론이 설명되고 있다.

Abraham Maslow(1943), *A Theory of Human Motivation, Psychological Review 50*, pp.370~396.

__________(2012), *Toward a Psychology of Being*(1st ed.), 존재의 심리학 (정태연 · 노현정 역), 서울: 문예출판사.

__________(1993), *The Farther Reaches of Human Nature*, N.Y: Penguin Books

__________(2009), *Motivation and Personality*(3rd ed.), 동기와 성격(오혜경 역), 서울: 21세기북스, 101쪽.

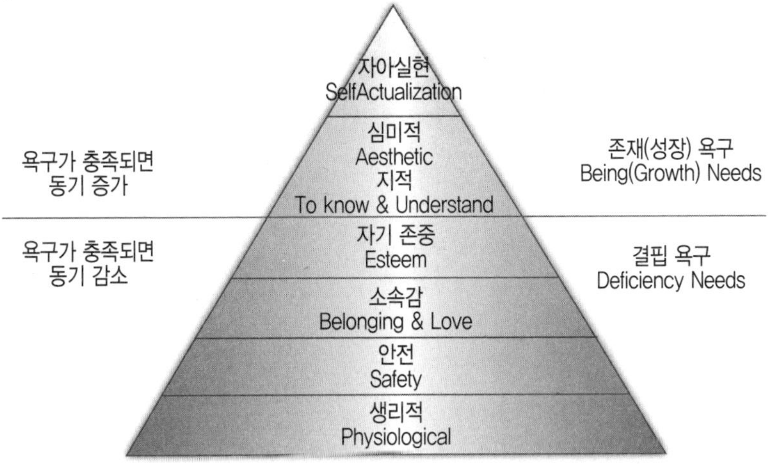

〈그림 9–2〉 매슬로의 욕구 체계 Maslow's Hierarchy

'안전 욕구'는 안전, 안정, 의존, 보호 등을 필요로 하는 욕구이다. 두려움과 불안, 혼돈으로부터 해방되고자 하며, 구조와 질서, 법과 한계를 추구하는 강력한 보호 장치를 갈구하는 욕구를 지칭한다. '소속감 · 사랑 욕구'는 어딘가 다른 사람과 함께 하는 소속을 필요로 하고, 사랑과 애정을 주고 싶어 하고, 받고 싶어 하는 욕구이다. 외로움을 배척 거부하고 친구가 없음에 대한 불안에서 벗어나고자 하는 욕구이다. '자기존중 욕구'는 다른 사람으로부터 호의적인 평가와 존중을 받고 싶고, 자부심을 유지하고 싶은 욕구이다. 힘, 성취감, 적합성을 느끼고자 하고, 능력 있는 사람으로서 세상에 대한 자신감을 추구하는 욕구이다. 덕망, 신망, 지위, 명성, 영광, 지배를 갈구하고 관심, 존엄, 품위를 인정받고자 하는 욕구이다. '지적 욕구'는 호기심을 충족시키고 알고 설명하고 이해하고 싶어 하는 욕구이며, '심미적 욕구'는 아름다움을 능동적으로 갈구하는 욕구이다. 마지막 단계의 '자아실현 욕구'는 자신에게 적합한 일을 하고자 하며, 자신의 본성에 진실해지고자 하는 욕구이다. 그래서 자신을 완성하려는, 자신의 잠재성을 실현하려는 성향으로 자신의 고유함을 확인하고자 하는 욕망, 자신이 될 수 있는 최고의 정점에 이르고 싶은 욕구로 설명된다.

이 기본욕구들은 그 구조와 관계에서 나타내는 몇 가지 특징적 원리를 드러낸다. 무엇보다 먼저 매슬로는 기본욕구 모두를 인간의 본성으로 파악한다. 이것은 매슬로 인본주의 심리학의 핵심적인 사항으로서, 인간의 본성을 본능적 충동(생리적, 안전, 소속감과 사랑, 자기 존중 욕구에 해당)과 이성 또는 합리성(지적, 심미적, 자기실현 욕구에 해당)으로 이분화 시켜온 전통적 사고를 중대하고 비극적인 실수로 파악한다. 인간의 소망과 욕구는 억압되어야 하는 것으로 끊임없이 평가 절하해온 철학이나 신학, 심리학의 역사를 비판한다. 스토아철학자들, 대다수의 쾌락주의자들, 대다수의 신학자들 그리고 대부분의 경제이론가들이 제기하는 선과 행복 그리고 기쁨은 본질적으로 소망, 욕망, 욕구에서 발생하는 불쾌한 상태를 억눌러 이겨낸 결과로서 얻어지는 것[2)]이라는 한결같은 의견을 받아들이지 않는다.

---

2) 박찬국(2010), 서양철학의 욕망 이해, 금욕주의와 쾌락주의를 넘어서, 욕망 -삶의 동력인가 괴로움의 뿌리인가(김종욱 편), 서울: 운주사, 169~342쪽.

박찬국은 이 논문에서 플라톤, 아리스토텔레스에서부터 푸코와 들뢰즈의 철학, 에리히 프롬의 욕망관에 걸친 서양 철학의 인간과 욕망에 대한 이해

매슬로는 긍정적 자아실현 욕구 또한 인간의 본성적 욕구이며, 이 욕구는 다른 욕구와의 관계에서, 성숙과 미성숙, 선과 악의 관계처럼 상반되는 것이 아니라고 본다. 오히려 인간이 자기실현으로 발전해 갈 때, 자기실현을 위한 필수적인 선행 조건이 바로 생리적, 안전, 소속감 · 사랑, 자기존중 등의 기본욕구의 충족이라고 주장한다. 정신적으로 건강한 사람이 되기 위해 물질적인 욕구가 어느 정도는 먼저 충족되어야 한다고 말한다. 이런 입장에서, 본능적 충동을 위험하고 극복해야 할 대상이라고 생각하는, 그래서 이런 충동을 지닌 인간은 문명 앞에서 끊임없이 고통스러워 할 수밖에 없다고 이야기하는 프로이트(Sigmund Fread, 1856~1939) 심리학 역시 매슬로에게는 비판의 대상이 된다.

둘째로, 인간의 기본욕구들은 그 강도의 상대적인 우세함에 따라서 위계적으로 구성되어 있다. 그리고, 이 욕구들은 반드시 상대적이거나 단계적인 양식으로 만족될 수 있다. 이 단계들은 역동적으로 변한다. 〈그림 9-2〉의 피라미드 모형에서 더욱 상위에 있는 욕구는 그보다 하위에 있는 욕구가 어느 정도 충족되어 그 욕구로부터 자유로워졌을 때 비로소 활성화 된다. 예를 들어 안전 욕구와 사랑 욕구가 모두 좌절 되었을 때 인간을 지배하는 안전 욕구가 사랑 욕구보다 강하다

를 소개한다. 선과 악에 대한 전통적인 이원론에 기초한 인간의 욕망에 대한 부정적인 태도에서부터 욕망을 긍정하는 철학적 입장으로의 변화에 대한 흐름을 설명하고 있다.

고 할 수 있다. 따라서 안전 욕구가 먼저 어느 정도 충족이 될 때 사랑 욕구가 활성화되고 강해지기 시작한다. 모든 욕구가 결핍되어 있을 때 생리적, 안전, 소속감 · 사랑, 자기존중, 자기실현의 순서로 욕구가 강하게 나타난다. 그리고 상대적으로 강한 욕구가 충족되면서 결핍의 강도가 줄어들고 동시에 다음의 상위 욕구가 나타나 활성화 된다. 각 단계의 욕구의 결핍과 충족을 통하여 가장 상위에 있는 자기실현 욕구에 이를 때 사람은 더욱 건강하고 더욱 완전한 인간이 된다.

그러나 현실의 삶 속에서 이런 욕구의 단계가 언제나 고정된 순서로 배열되어 있지는 않다. 유전과 환경의 영향에 의해 다양한 예외가 발생한다. 자존감이 사랑보다 더 중요한 사람도 있다. 선천적으로 지적 심미적으로 창의적인 듯한 사람도 있다. 천재라고 불리는 사람들에게서 보이는 특성이다. 그들에게는 창의성의 욕구가 그것과 대립되는 다른 욕구들보다 더 중요한 것처럼 보인다. 그들의 창의성은 다른 하위 욕구가 충족되어 그로부터 자유스러워졌기 때문에 발휘되는 것이 아니라 기본욕구가 결핍되어 있음에도 유전적 요인에 의해 나타나는 결과일 수도 있다.

이와 함께 문화적인 특수성도 작용할 수 있다. 매슬로는 한 문화와 또 다른 문화에서 특정한 욕구들이 표면적으로 다르게 표현되는 현상이 발견되지만 문화적인 특수성에 의해 인간의 기본욕구가 다르게 구성되어 있다고 이해하지는 않는다. 기본욕구는 모든 인간에게 공통적이라 주장한다. 다만,

특정 문화가 그 사회에서 특정한 환경으로 작용할 때 기본욕구가 드러내는 구조와 관계의 양상은 그 문화적 환경의 영향에 따라 다른 형태로 구조화될 수 있다.

욕구 간의 역동적 위계 관계와 관련하여 매슬로의 동기이론을 기초로 조직 내에서 조직 구성원들의 과업과 관련한 조직 행동을 연구한 앨더퍼(Clayton P. Alderfer, 1940~2015)는 매슬로의 이론을 일부 수정하여 ERG 이론을 제시하였다.[3] 앨더퍼는 자신의 동기 이론은 4가지 점에서 매슬로의 이론과 차이가 난다고 설명하고 있는데, 차이점의 중요한 부분은 욕구의 종류와 욕구 간 강도의 위계에 대한 것이다. 앨더퍼는 매슬로의 기본욕구를 7가지로 분류하고 이를 자신의 3가지 유형 - 생존 욕구, 관계 욕구, 성장 욕구 - 로 통합하고 있다. 생리적 욕구와 물질적 차원에서의 안전 욕구를 생존 욕구로, 대인관계에서의 안전 욕구와 소속감 · 사랑 욕구, 그리고 타인에 의한 자기존중 욕구를 관계 욕구로, 마지막으로 자기 스스로에 의한 자기존중 욕구와 자기실현 욕구를 성장 욕구로 분류한다. 이러한 분류의 차이는 인간의 욕구에 대한 기본적인 내용의 차이라 할 수는 없을 것 같다. 다만 욕구의 유형이 단순화됨으로써 구체적인 욕구를 유형별로 분류하여 이해하는 데 도움을 줄 수 있을 것이다.

두 번째 중요한 차이점은 기본욕구 간에 자연 상태에서 강

3) Clayton P. Alderfer(1972), *Existence, Relatedness, and Growth, Human Needs in Organizational Settings*, N.Y: The Free Press.

도에 따른 위계의 차이가 있고, 이 위계상에서 하위 욕구가 충족되면서 점차 상위 욕구로 욕구가 역동적으로 변화해 간다는 매슬로의 주장에 동의하지 않는다. 자신이 유형화 하고 있는 생존, 관계, 성장의 세 욕구 간에 강도의 위계 상 차이가 없이 세 욕구가 동시에 비슷한 강도로 작용하고, 이것이 유전과 환경의 영향에 의해 구조 모형을 다르게 할 수 있다고 주장한다. 누구의 주장이 옳은가 하는 문제, 즉 인간 욕구가 원초적인 자연 상태에서 그 종류에 따라 강도가 어떻게 다른가를 실증적으로 보여주는 연구 결과를 찾기는 어렵다. 다만, 현실 생활 속에서의 일반적 경험에 기초해서 보면 매슬로가 제시하는 하위 욕구일수록 더욱 강하게 나타나는 경향이 있음을 부정하기 어렵다. 그러나 어떤 형태로 주어지든 인간이 잉태되고 출산되어 그 삶을 살아가는 과정에서, 사람의 수만큼이나 다양한 유전적 요인과 환경적 요인에 의하여 변형을 겪고 있음은 분명해 보인다.

사실상, 매슬로의 욕구 위계론이 완벽해 보이지는 않는다. 예를 들면, 사람들의 생활 속에서 비교적 쉽게 확인할 수 있는 다수의 욕구들에 대한 언급이 누락되어 있다. 우리가 생활 속에서 자주 그리고 때로는 강하게 그 필요를 느끼는 맛과 멋에 대한 욕구는 어디에 위치되어야 할까? 인간이 건강한 생존을 위하여 항상성을 유지하고자 하는 생물 유기체적 욕구는 불균형이 일어나는 순간에서만 욕구되기보다는 미래의 필요를 위해서도 축적해 두어야 할 욕구(대표적인 예로서 부의 축적)을 강하게 느낀다. 이러한 욕구들은 생존 욕구인가, 안전 욕구인가, 아니면 다른 종류의 욕구일까? 기본적인 욕구에서 조금 비켜나 있는 것으로 설명되고 있는 지적 · 심미적 욕구 단계 또한 추가적인 설명이 필요한 부분이다. 이 단계의 욕구는 다른 동물과 구별되는 인간 고유의 특성으로 구성된다. 다른 동물과 사람을 구별할 때 흔히 이야기하는 이성 내지 정신이 이 영역에 속한다.

그렇다면 인간의 정신 영역은 지적, 심미적 영역 이외는 없는가? 선을 추구하는 인간의 도덕적 본성은 어느 단계에 속할까? 한편으로 결핍 욕구에서 벗어나 자아실현으로 가는 성장 욕구를 활성화시켜 나갈 때, 이 지적 · 심미적 욕구는 징검다리가 된다. 그러나 지적이거나 심미적인 욕구가 언제나 성장 욕구를 향하고 있는 것처럼 보이지는 않는다. 현실의 사회생활 속에서 지적이거나 심미적인 사람들이 자아실현보다는 세속적인 물질과 명예를 탐하는 사례들을 어렵지 않게 발견할 수 있기 때문이다. 이런 증거로 보면 지적 · 심미적 욕구는 성장 욕구에 온전히 속해 있다 하기보다는 성장 욕구와 결핍 욕구 사이에 있는 경계 욕구라고 이름 붙일 수 있다.

다만, 이러한 불완전성에도 불구하고 매슬로의 동기 이론, 욕구 위계설은 그 구성 욕구와 역동적 변화 원리를 기초로 인간 행동의 동기적 원인을 설명해 주기 위한 좋은 이론적 도구가 된다. 이제, 기본욕구와 그 원리에 대한 이러한 이해를 기초로 실생활에 적용하기 위한 욕구 구조의 개념적 유형을 만들어 볼 수 있다. 〈그림 9-3〉에서 보는 바와 같이 왼쪽 위의 끝에 있는 욕구 구조 모형은 특별한 외부적 환경의 영향이 아직 주어지지 않은 어린아이의 욕구 구조를 나타내는 모형이다. 이 상태에서 생리적 욕구에 의해 동기화된 행동을 통해 어느 정도 생리적 욕구가 충족되면, 생리적 욕구가 상대적으로 약해지면서 다음 상위 욕구인 안전 욕구가 상대적으로 강화될 것이다. 이런 방식으로 욕구의 강도가 역동적으로 변해가는 과정의 마지막은 그림의 아래쪽 가장 오른쪽에 있는 역피라미드 모형으로 구조화할 수 있다. 그러나 이러한 모형들은 그야말로 개념적 모형이다. 실제로는 이 과정에서 다양한 내용의 유전과 환경의 영향에 의해 다양한 방식의 구조 모형으로 형성될 것이다. 그렇다면, 한국 사회에 존재할 수 있는 구체적이고 현실적인 모형을 한번 상상해 보자.

한국 사람이 하고 싶어 하는 것들, 한국인의 욕구 구조

만일 우리 사회 내에서 공유되고 있는 문화가 주류적 환경을 구성하면서 우리 사회 구성원들 욕구 구조 형성에 영향을 미치고 있다면, 대한민국을 살아가는 한국인들의 욕구 구조의 일반적 모형을 추론해 그려볼 수 있을까? 앞서 제2부에서 확인한 바와 같이 물질주의와 관계주의가 우리 사회에서 보

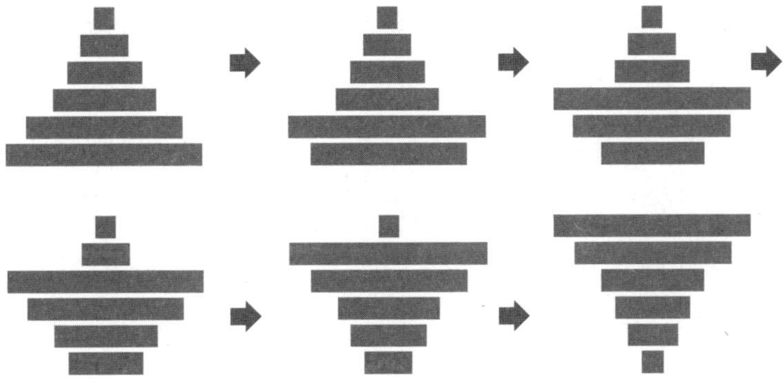

〈그림 9-3〉 욕구 단(위)계의 개념적 유형도

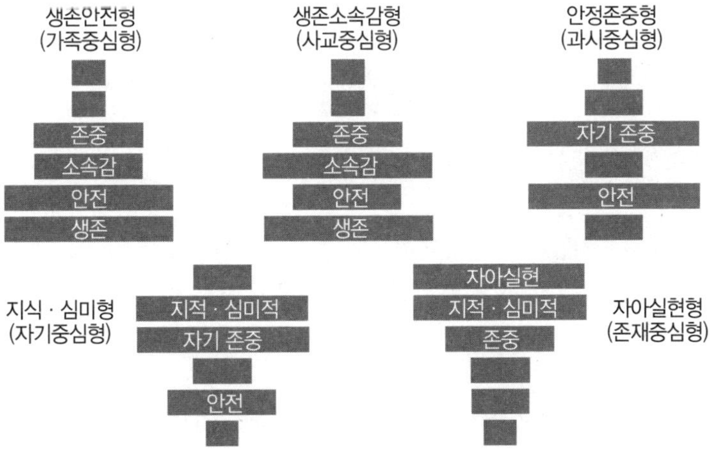

〈그림 9-4〉 생활 속에서 일반적으로 관찰되는 욕구 단계(구조)의 실제 · 구체적 유형들

편적으로 나타나는 문화적 특성이라면 우리 사회의 구성원들이 드러내는 일반적인 욕구 구조 모형은 앞의 〈그림 9-4〉에서 확인되는 생존 안전형 내지 생존 소속감형 또는 안전 존중형과 유사한 형태로 나타날 것이다.

이 모형을 앨더퍼의 단순화된 욕구의 종류로 모형화 해보면 아래 〈그림 9-5〉와 같이 그릴 수 있다. 이 욕구 구조 형태는 앨더퍼의 원초적 욕구 구조 모형과 비교할 경우 정신적으로 성장하고자 하는 욕구가 원초적 상태에 비하여 오히려 위축되어 있는 상태이다. 매슬로의 원초적 욕구 구조 모형과 거의 유사하여, 매슬로 동기 이론에 기초해서 보면 한국인의 욕구 구조는 어린 아이 상태에서 거의 성장하지 못하고 있는 상황으로 해석할 수 있다.

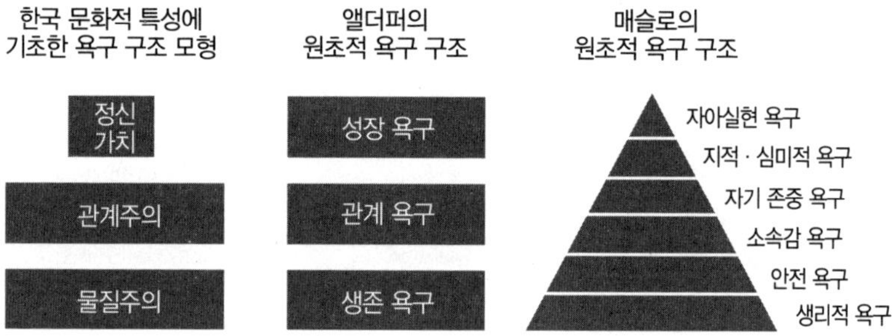

〈그림 9-5〉 다양한 욕구 구조

한국 사회에서 보편적으로 드러나는 유형으로 여겨지는 이러한 욕구 구조는 어떤 의미를 갖는가? 이런 욕구 구조로 동기화된 개인은 어떤 행동 특성을 드러내고, 어떤 삶을 사는 사람인가? 이런 욕구 구조를 가진 사람이 많은 사회는 어떤 사회적 현상으로 나타날 것인가? 매슬로는 인간의 기본욕구를 결핍 욕구와 성장 또는 존재 욕구로 구분(생존, 안전, 소속감, 자기존중은 결핍 욕구, 지적 · 심미적, 자아실현은 성장 내지 존재 욕구)하여 두 욕구에 의해 동기화된 사람이 드러내는 특성을 〈그림 9-6〉에서 확인되는 바와 같이 대립적 특성으로 설명하고 있다.

결핍 욕구	성장 욕구
충동에 대한 거부 긴장해소, 결핍 해소 질병 예방, 방어 기제(소극)	충동에 대한 수용 긴장 강화, 욕구 고조 건강 증진, 대처 기제(적극)
보편적 목표	개체 특유의 목표
환경 의존(외부) 타산적 대인 관계 자아 중심(자기 중심) 배타적 이분법적 지각 D 사랑(소유, 요구, 충족)	환경 독립(내부) 사심 없는 대인 관계 자아 초월(문제 중심) 수용적 총체적 지각 B 사랑(찬미, 끝없는 향유)

〈9-6〉 결핍 욕구와 성장 욕구의 특성 차이

이 두 유형의 욕구가 드러내는 특성 중 두드러진 차이는 결핍 욕구로 동기화된 사람은 환경 의존적이고, 타산적인 대인 관계, 배타적이며 자기 중심인 행동 특성을 보이는 반면 성장 욕구로 동기화된 사람은 환경 독립적이고, 사심없는 대인 관계, 자기를 초월하여 수용적이고 문제 중심적인 행동 특성을 보인다.

안전, 소속, 애정 관계 및 존경에 대한 욕구는 타인에 의해서만, 다시 말해 개인의 외부로부터 그 충족 자원을 구할 수 있다. 이러한 환경 의존적 상황에 처한 사람은 실제 스스로를 지배하고 있다거나 자신의 운명을 통제하고 있다고 말할 수 없다. 왜냐하면, 자신이 필요로 하는 욕구의 충족을 위해 그것을 공급하는 원천에 얽매여야 하기 때문이다. 사실상 결핍 욕구를 충족시키기 위한 자원은 외부에 양적으로 존재하는 반면 성장 욕구를 충족시키기 위한 자원은 개인의 내면에 질적으로 존재한다. 소속감, 사랑, 존중, 명예 등과 같은 관계 욕구와 음식이나 재산, 안전 등과 같은 물질 욕구는 욕구 주체 밖에 있는 외부적 자원을 필요로 함으로써 다른 사람과 물질이라는 환경에 의존적일 수밖에 없다.

그것이 인간관계적인 것일 경우, 다시 말하면 다른 사람과 어울리고 싶고, 다른 사람으로부터 사랑과 존경을 받고자 한다면 불가피하게 타인의 의중을 살피지 않을 수 없고 대인관계에서 타산적일 수밖에 없다. 한편 관계와 관련되는 지위나 경제적 자산과 같은 물질은 양으로 존재하며 한 사회가 가지고 있는 지위와 물질적 자원은 언제나 한정된 규모로 제한될 수밖에 없다. 이런 상황에서 지위와 물질에 대한 욕구가 크면 클수록 이들 욕구를 충족시킬 수 있는 가능성은 낮아지고 결핍에 따른 불만족은 클 것이다. 그리고 이러한 개인이 많은 사회일수록 한정된 자원을 획득하려는 구성원 개인들 간의 경쟁은 더욱 치열해질 것이며, 이러한 경쟁의 심화는 다양한 형태의 개인적, 사회적 문제를 초래할 가능성이 크다.

한편 성장 욕구는 결핍 욕구와 달리 욕구 충족의 자원이 욕구하는 자의 내면 정신에 있다. 다른 사람으로부터 얻고자 하는 것이 없을 때, 아무런 사심 없이 바라는 것 없이, 단지 객관적이고 순수하게 그 사람을 대할 수 있다. 따라서 성장 욕구는 이것이 아무리 커지더라도 외부 환경에 의존할 필요도 없고, 따라서 다른 사람의 눈치를 볼 필요도 없다. 다른 사람과 비교할 필요도, 개인 간의 경쟁이나 갈등을 유발할 필요가 없다. 개인의 내면 정신 세계로부터 충족 자원이 도출됨으로써 사심 없는 대인관계를 도모할 수 있고, 사회 구성원 개인의 욕구 충족은 경쟁과 갈등 없이 그 자체로서 순수히 사회적 만족의 총합에 기여할 수 있다. 성장 욕구로 동기화된 욕망은 적어도 외부의 방해가 최소화된 상태에서 충족되어 갈 수 있다. 결국 구성원들의 성장 욕구가 크면 클수록 개인은 물론 그 사회가 전체적으로 향유할 수 있는 성장 욕구 충족의 크기와 만족도는 커질 것이다.

〈그림 9-7〉은 이런 설명을 시각화한 것이다. 결핍 욕구가 상대적으로 강한 사람들이 많은 사회와 성장 욕구가 상대적으로 강한 사람들이 많은 사회를 욕구 강도에 따른 사람들의 분포로 나타낸다.

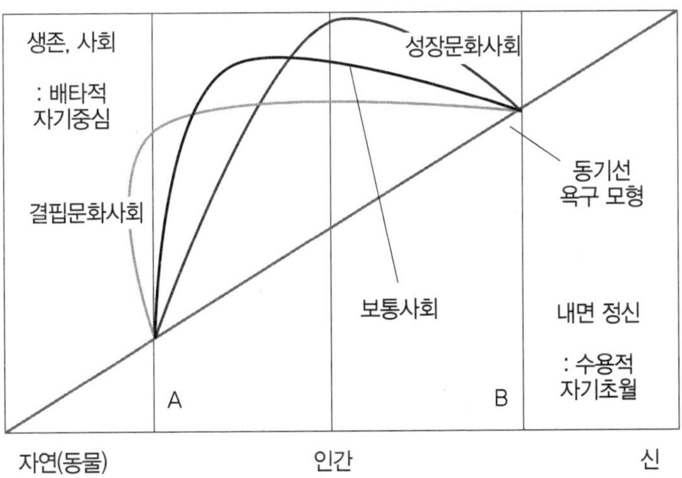

〈그림 9-7〉 동기 분포곡선과 사회문화 가설

사각의 그림과 대각선에 의해 만들어진 두 개의 직각삼각형과 합쳐져 구성된 사각형의 의미를 살펴보자. 직각의 꼭지점이 왼쪽 위에 있는 삼각형은 결핍 욕구의 크기를 나타내고, 직각 꼭지점이 오른쪽 아래에 있는 삼각형은 성장 욕구의 크기를 나타낸다. 어떤 사람의 욕구 상태가 오른쪽 끝에 있다면 그는 결핍 욕구는 전혀 없는 상태에서 성장 욕구로만 가득 차 있다. 이러한 사람이 현실적으로 존재할 가능성은 전혀 없어 보인다. 우리의 일반적인 개념으로 보면 그런 존재는 신이거나 영혼과 같은 존재일 것이다. 그 반대편의 존재, 즉 성장 욕구는 전혀 없는 상태에서 결핍 욕구로만 가득 차 있는 사람, 아마 이런 사람도 현실적으로 존재하기 힘들 것이다. 이런 것은 자연 그대로 존재하는 생물로서 식물이나 짐승에 해당될 것이다.

적어도 인간으로서의 존재를 인정받기 위해서는 성장 동기와 결핍 동기가 일정한 비율로 구성되어 있는, 예를 들면 그림에서 표시되어 있는 임의의 A 지점과 B 지점의 사이 어느 곳에 위치해야 할 것이다. 만일 A를 벗어나 자연 쪽으로 더 가까이 가 있는 사람을 본다면 우리는 그를 어떤 사람이라 칭할 수 있을까? 어쩌면 '짐승 같은 사람'이라고 부를지도 모르겠다. B 지점을 벗어나 신쪽으로 가까이 가 있는 사람은 어떤 사람인가? 그동안 인간의 역사에서 더러 나타났던 성인들의 욕구 구조 유형일 수도 있겠다. 그러나 우리가 일반적으로 '사람 냄새가 나는 사람' 이라고 부르기 위해서는 특정하기는 어렵지만 어느 정도의 선상에 위치하는 A와 B의 두 지점 사이에 위치하고 있어야 한다.

〈그림 9-7〉에 대한 이러한 이해에 기초해서, 성장 욕구와 결핍 욕구가 균형을 이룬 사람이 사각형의 중간에 위치하는 것으로 볼 때, 한 사회에서 그 균형점에 있는 사람이 가장 많이 분포하면서 좌우로 나아가며 분포가 균형을 이룰 때 그런 사회를 보통의 사회라고 부르자. 이런 보통 사회에서는 사람들이 비록 결핍 욕구를 충족시키기 위해 서로 경쟁하며 갈등하고 싸우기도 하겠지만, 또 한편으로는 자아실현을 추구해 가는 과정에서 서로 사랑하고 도우며 나누는 삶을 살기도 할 것이다. 이 경우, 두 욕구를 추구하는 사회적 양상이 균형 있게 나타날 것으로 기대할 수 있다.

그러나 만일 욕구 분포곡선이 어느 한쪽으로 기울어진다면 그 결과로 나타나는 사회적 양상은 달라질 것이다. 결핍 욕구가 성장 욕구보다 강한 사람이 더 많이 존재하여 분포곡선이 결핍 욕구 쪽으로 기운 그래프로 나타나는 사회를 결핍 문화 사회라 칭하자. 그리고 결핍욕구보다 성장 욕구가 강한 사람이 더 많아 분포곡선이 성장 욕구 쪽으로 기운 사회를 성장 문화 사회라 하자. 결핍 문화 사회의 두드러진 특징으로서 사회 구성원들 간의 경쟁과 갈등이 빚어내는 다양한 사회적 현상들은 강한 양극화, 높은 생활의 불만족, 자살율, 범죄율, 이혼율, 낮은 출산율 등으로 묘사될 수 있을 것이다. 반대로 성장 문화 사회는 대비적으로 보다 안정된 사회적 질서의 유지와 동시에 구성원들의 삶의 만족도가 높게 나타날 것이다.

우리 한국인들의 일반적인 욕구 구조가 앞서 살펴본 것처럼 결핍 욕구가 강한 유형으로 나타나고 이런 구조를 가진 한국인이 우리 사회에서 다수를 점하고 있다면 우리 사회는 결핍 문화 사회로 규정될 수 있다. 한국인들은 대체로 자신의 삶에 대해서 불만족스러워 하면서 다른 사회에 비하여 높은 자살률, 범죄율, 이혼율, 낮은 출산율, 그리고 심한 양극화 현상 등의 양상을 드러낼 것이다.

10. 자아실현과 교육의 목적

결론부터 이야기하면 교육의 목적은 아이들의 성장 욕구가 강화되는 방식으로 욕구 구조를 변화시켜 매슬로 개념의 자아실현자가 되게 하는 것이다. 자아실현이란 단순히 개인 차원의 꿈을 실현한다는 의미에 국한되지 않고, 인간이 지닌 본성의 모든 긍정적인 욕구들이 그 충족을 위해 활성화 되어있는 상태를 말한다. 이것을 교육학적 용어로 표현하면, 아이들의 잠재력이 개발되어 바람직한 정체성이 확립되어 있는 상태이다. 올바른 인성과 높은 사고력을 갖추게 된 상황을 말한다. 특기 적성을 개발하여 개성 있게 살도록 준비되어 있는 상태이다. 전인교육이 기대하는 지 · 덕 · 체의 균형있는 발달이 이루어진 상태이다. 똑똑하고 착하며 무엇인가 잘하는 아이로 성장한, 우리 교육과정이 추구하고 있는 바람직한 인간상이 형성되었다는 의미이다.

자아실현자의 특성

결핍 욕구보다는 성장 욕구로 활성화되어 있는 자아실현자란 어떤 사람인가? 성장 욕구가 행동을 지배하는 사람은 어떤 특성을 보이는가? 매슬로에게 있어 자아실현자는 욕구 체계에 있어 가장 상위에 있는 자아실현 욕구를 실현 내지 경험한 사람으로서, 이는 한마디로 훌륭한 사람이다. 건강한 사람으로 완전하게 기능하는 사람이다. 완전하게 인간적이 되는 것이다. 진실한 자신이 되어 개성이 발현되는 것이다. 자신의 잠재력을 최대한 계발하고 자신의 내적인 본성을 왜곡하거나 억압하거나 거부하지 않으면서 오히려 본성의 최고 수준, 최대 가능성과 열망 상태에 있는 사람으로 표현된다.

매슬로는 자신이 선택한 소수의 현존 인물, 역사적 인물, 건강한 대학생들에 대한 임상적 관찰 사례를 기초로 자아실현자가 나타내는 특성을 19가지로 구분하여 설명하고 있다[1]. '현실지각', '수용', '자발성', '문제중심적 태도', '고독', '자율성', '신선한 인식', '절정체험', '인간적 유대', '겸손과 존경', '대인관계', '윤리', '목적과 수단', '유머', '창의성', '사회화에 대한 저항', '이분화의 해소', '가치', '불완전성' 등이다. 자아실현자들이 드러내는 이 특성들의 목록은 길고, 항목 간에 유사성을 보이기도 하지만 나열된 순서대로 최대한 짧게 기술하여 그 내용을 간단히 이해하도록 해보자.

우선 자아실현자가 현실을 지각하는 방식에 대한 '현실 지각' 특성은 인간의 성품에서 거짓과 정직함을 꿰뚫어보는 남다른 능력을 보인다는 것이다. 그들은 사람들을 정확하고 유능하게 판단하는 능력이 있다. 이런 능력은 삶의 다른 영역들

1) 매슬로(2009), 269~313쪽.

로도 확장된다. 예를 들면 정신적으로 건강하고 안정적인 학생들은 미술, 음악, 지성, 과학, 정치, 공공정책과 같은 영역에서도 낙관주의나 비관주의에 덜 의존하여, 은폐되거나 혼돈스런 현실을 신속하고 정확하게 파악한다. '수용'이란 자신의 본성과 자기 자신을 불평불만 없이 받아들이며, 심지어 그런 문제를 대수롭지 않게 생각하고 넘어가기도 하는 특성을 말한다. 인간의 본성과 그에 따르는 모든 결점, 이상적인 이미지와 현실과의 괴리를 크게 근심하지 않으며 냉정하게 받아들인다. 마치 사람들이 물이 축축하다거나 바위가 단단하다고 또는 나무가 녹색이라고 불평하지 않는 것과 같다. 아이들이 경이롭고 순수한 시선으로 세상을 있는 그대로 관찰하고, 비판하거나 논쟁하지 않듯이 자아실현자들도 자신과 다른 사람들의 인간 본성을 있는 그대로 바라본다.

'자발성'이란 무리하게 의도하거나 지어내지 않기 때문에 드러나는 단순함과 자연스러움, 때로는 비 인습적인 행동 특성을 말한다. 자아실현자들은 일반적으로 자기 외부의 문제들에 심각하게 집중하는 '문제 중심적 태도'를 가진다. 자신에 대해서는 지나치게 걱정하지 않으면서, 열정을 쏟아 부어야 할 어떤 사명, 완수해야 할 과제, 자기 외부의 어떤 문제들에 관심을 가지고 있다. 일반적으로 이런 과제들은 개인적인 것이 아니라 이타적이고, 인류의 이익, 국가 또는 가족 등 다른 사람들의 이익과 관련된 것들이다. '고독'이란 스스로에게 해를 입히거나 불편해하지 않으면서 혼자 지낼 수 있는, 사생활을 긍정적으로 즐기는 특성을 말한다. 싸움에 휘말리지 않고 평온을 유지하며, 다른 사람들이 격정에 휩싸이는 일에 동요하지 않을 수 있고, 초연하고 과묵하며 침착하게 행동하는 특성을 지닌다.

물리적 · 사회적 환경으로부터 상대적으로 독립적이라는 점에서 자아실현자들은 '자율성'을 갖는다. 자신의 삶의 만족을 추구하기 위하여 현실 세계나 타인, 문화, 또는 목적에 도달하게 해 주는 외부적 수단에 의존하지 않는다. 오히려 자아실현자들은 자신의 발전과 지속적인 성장을 위해 자신의 잠재력이나 내면에 숨어있는 자원에 의존한다. 환경으로부터 독립적이란 역경, 타격, 결핍, 좌절 등에 직면했을 때 비교적 안정적으로 반응한다는 의미이다. 이런 특성은 다른 사람들을 자살로 몰고 갔음직한 상황에서도 평온을 유지하게 한다. '신선한 인식'의 특성을 '늘 감사하는 마음'으로도 표현하고 있다.

자아실현자들에겐 삶의 기본적인 것들에 대해 경외와 기쁨, 놀라움, 심지어 황홀경을 느끼면서 거듭하여 감사할 수 있는 놀라운 능력을 지니고 있음이 관찰된다. 어느 날의 석양도 처음 보는 것처럼 아름다우며, 수백만 송이나 한 송이의 꽃을 본 후에도 사랑스러움을 느끼며, 수천 번 본 아기도 처음 본 아기처럼 기적의 산물로 여긴다. 아름다운 대상을 선택하는 데는 차이가 있다. 어떤 사람은 자연을, 어떤 사람은 아이들이나 위대한 음악을 대상으로 한다. 그러나 그들이 어느 대상을 통해서든 삶의 기본적인 체험으로부터 황홀경, 영감, 힘을 이끌어내고 있다. 이 특성은 '절정 체험'과 유사하다. 매슬로는 자신의 자아실현자 연구 대상에게서 확인한 공통적인 체험으로서 절정 체험을 이야기한다. 윌리엄 제임스(Willian Janes, 1842~1910)의 신비 체험으로서의 종교적 체험[2)]과 유사한 주관적인 심리 상태로서, 이 체험을 할 때 시야가 탁 트이는 듯한 느낌을 받는다. 기존에 느껴보지 못했던 힘과 무력함이 동시에 느껴지고, 엄청남 황홀감과 경이, 외경심이 느껴지며 시공을 잊는나. 그리고는 마침내 무엇인가 극도로 중요하고 가치 있는 일이 일어났으며, 자신이 그런 체험으로 인해 일상생활에서도 어느 정도 변화되고 강해졌다고 여기게 된다.

'인간적 유대'란 일반적으로 자아실현자들은 인간에 대해 깊은 일체감과 동정심, 애정을 가진다는 것을 의미한다. 모든 사람이 한 가족인 것처럼 유대감과 친밀감을 느끼고, 자아실현자는 인류를 도우려는 진실한 바람을 가지고 있다. '겸손

---

2) William James(1910), *The Varieties of Religious Experience*, 종교적 경험의 다양성(김재영 역 2006), 서울: 한길사.

김재영은 윌리엄 제임스의 종교이론을 요약한 부분에서 윌리엄 제임스가 이야기하는 종교적 경험의 의미를 4가지로 요약하여 다음과 같이 설명하고 있다. 첫째, 종교적 경험은 반드시 궁극적이고 성스러운 실재와의 관계 속에서 일어난다(이 때 종교란 특정 제도적 종교를 지칭하는 것이 아니고 개인의 마음 속에 있는 종교적 심리 상황을 의미한다). 둘째, 종교적 경험의 의미는 그 경험을 갖기 이전의 상태와는 달리 완전한 삶의 변화를 보여준다. 셋째, 종교적 경험의 특징은 예술이 제공해 주는 것보다 훨신 고차원의 심미적 삶을 갖도록 해준다. 넷째, 종교적 경험의 특징은 매우 도덕적이고 윤리적인 모습을 지니고 있다.

과 존중'의 특성은 '민주적'이라는 의미로도 해석된다. 자아실현자들은 계급, 교육 수준, 정치적 신념, 인종, 피부색과 관계없이 성격만 맞으면 누구와도 친하게 지낼 수 있다. 이들은 보통사람들이 분명하고 중요하게 생각하는 이런 차이점들을 의식조차 못하는 듯이 보일 때도 있다.

자아실현자들은 깊고 심오한 '대인관계'를 맺는다. 이 특성을 드러내는 교재의 범위는 비록 좁지만, 소수의 사람들과 특별히 더 사랑하고 융화되며 완벽하게 일체감을 느끼고 자아의 경계를 허물 수 있다. 자아실현자들은 '윤리'적이며, 분명한 도덕 기준을 가지고 있고, 옳은 일을 하며, 그릇된 일을 하지 않는다. 이들은 보통 사람들이 윤리적인 문제를 다룰 때 흔히 겪는 혼란, 혼돈, 모순, 갈등을 일상생활에서 별로 겪지 않는다. 자아실현자들은 '목적과 수단'을 분명하게 구분할 줄 알고, 수단보다는 목적에 집중한다. 그리고 남다른 '유머' 감각을 가지고 있다.

'창의성'은 연구 대상의 모든 자아실현자들에게서 발견된 공통적인 특성이다. 자아실현자의 창의성은 천재의 특성이라기보다는 천진난만한 어린이의 순수하고 보편적인 창의성과 비슷하다고 한다. 이것을 모든 인간이 타고날 때 주어지는 잠재성이며, 공통되는 인간 본성의 기본적인 특성으로 관찰한다. 대부분의 사람들은 사회화되면서 잃어버리게 되지만 소수의 사람들은 신선하고 순진하며 솔직한 인생관을 유지하면서 자신만의 독특한 창의성을 유지하면서, 제화업자, 목수,

점원을 포함하는 그들의 일상생활 속에서 소박한 방식으로 표현된다.

'사회화(문화화)에 대한 저항'이란 문화로부터 인정을 받고 문화와 동일시한다는 소박한 의미에서 적응을 논할 때, 자아실현자들은 잘 적응된 사람들이 아니라는 의미기도 하다. 여러 면에서 문화와 더불어 지낸다고 할 수 있으나, 심오한 의미에서 보면 자신이 속해 있는 문화로부터 내면적인 거리를 유지하려고 하며 문화에 동화되는 데 저항한다고 할 수 있다. 무소건적으로 문화에 동화되려고 하지 않는, 내면적인 자율성과 외부에 대한 수용을 복합적으로 균형있게 결합하고 있다. '이분화의 해소'란 본질적이라고 여겨졌던 많은 대립들이 합쳐지고 융화되어 하나를 이루게 되는 특성을 말한다.

예를 들어 오래전부터 설정되어 있었던 가슴과 머리, 이성과 본능, 인지와 의욕 간의 대립이 건강한 자아실현자들에게서는 대립이 아닌 상승 효과를 내며 사라진다. 의무가 즐거움일 때, 일이 놀이 일 때, 심지어 이기심과 이타심의 이분법 또한 사라진다. '가치'의 특성 항목에서는 자아실현자의 가치관의 기초가 자아, 인간본성, 사회생활의 많은 부분, 자연과 물리적 현실의 본성을 철학적으로 수용하면서 자연스럽게 형성됨을 설명한다. 대체로 앞서 언급된 '수용'적 특성을 포함하는 가치관을 의미하고 있다.

마지막 특성으로 '불완전성'은 자아실현자로 평가될 수 있는 사람들조차 부족한 인간의 단점들을 많이 보여 주고 있음을 말한다. 그들도 어리석고 쓸모없는 한심한 습관들을 가지고 있고, 지루하거나 고집스럽거나 타인을 짜증나게 만들기도 한다. 허영심, 자부심, 자신의 작품이나 가족 또는 다른 사람에게로 기울어지는 편파적인 성향으로부터 완전히 자유롭지 않음을 보여준다. 완벽한 인간은 없다고 결론 내린다.

매슬로가 관찰하여 찾아낸 이 19가지의 특성이 자아실현한 훌륭한 사람이 나타내는 충분조건인가? 필요조건인가? 이 특성들이 인간의 훌륭함을 구성하는 요소로서 얼마나 보편타당한가? 필자는 이러한 의문에 대한 검토는 진행하지 않으려고 한다. 매슬로의 동기 이론을 기본적으로 지지하는 필자의 입장에서도 19가지 특성으로 확인되는 자아실현자가 훌륭한 사람인가에 대해서는 명백한 입장을 가지기 어렵다. 사실상 이 19가지는 매슬로 연구팀에 의해 자아를 실현한 사람으로 보여져 선택된 사람들이 나타내는 특성들이 비교적 객관적인 방법과 절차를 통하여 관찰된 결과이다. 그리고, 정확히 말하면 매슬로 자신의 개인적 입장도 아니다. 훌륭한 인간이라면 마땅히 가져야 한다고 생각한다는 것과 같은 규범적 논리로 도출된 특성들도 아니다. 그러나 이 특성들은 우리가 일반적으로 훌륭하다고 판단하는 사람들이 나타내는 특성들과 크게 다르지 않아 보인다. 이런 특성들을 드러낸다면 훌륭한 사람으로 존경받아도 문제될 것이 없을 것 같음을 이해하면서, 이 특성들에 대한 타당성 논의는 생략한다.

한편, 매슬로는 사람에 대하여 두 가지 유형의 질문을 한다. 어떤 삶이 훌륭한 삶인가? 어떤 사람이 훌륭한 사람인가? 그리고 다른 질문들, 무엇이 인간의 독특하고 유일한 특성인가? 인간에게 본질적인 것, 그래서 그것이 없으면 더는 인간으로 정의할 수 없는 그것은 무엇인가? 가령 인간을 원숭이와 구별하게 해주는 능력을 보유하고 발달시킨 사람은 어떤 사람인가? 호랑이가 호랑이다워지고, 말이 말다워지는 것처럼 사람다운 사람은 어떤 사람인가를 묻는다. 매슬로에게 있어 이 두 유형의 질문은 '자아실현자(자기실현 하는 사람)'이라는 하나의 대답으로 통일된다. 이 때 매슬로는 하트만(Heinz Hartman, 1894-1970)의 '훌륭한 인간이 훌륭한 정도는 그가 인간이라는 개념을 실현하거나 충족시키는 정도 만큼이다' 는 말을 인용한다.[3)] 생물학적으로 동물의 다른 종들과 구별되는 인간의 특성을 가장 강하게 드러내고 있는 사람, 이 사람은 철학적, 윤리적, 도덕적, 사회적 의미에 있어 가장 훌륭한 사람과 일치한다는 의미이다.

---

3) H. Hartman(1959) *The Science of Value in Maslow*, A.(ed), New Knowledge in Human Values.
하트만은 미국 심리학자로 자아심리학의 창시자로 알려져 있다. 매슬로는 훌륭한 인간에 대하여 정의를 내리는 데 있어 하트만의 가치론적 접근과 동일한 입장을 가진다.

잠재력과 정체성

인간의 잠재력은 두 가지 측면에서 이해될 수 있다. 하나를 보편적 잠재력이라 한다면 다른 하나는 개별적 잠재력이라 부를 수 있다. 보편적 잠재력이란 인간이 생물의 한 종류로서 다른 생물, 동물과 구별되게 해 주는 특성을 가지게 하는 잠재 능력이다. 두 발로 걷고 도구를 사용할 수 있다거나, 고도로 발달된 이성과 함께 말과 글을 사용할 수 있고, 심미적 예술 활동이나 도덕적 판단과 이에 기초한 행동을 하는 등의 특징을 가지게 해 주는 잠재력이다. 이러한 보편적 잠재력이 발휘되면서 인간은 다른 동물과 구별된다.

한편으로 개별적 잠재력이란 인간의 종이 서로 간에 공유하고 있는 보편적 잠재력 중에서도 어떤 특별한 영역에서 특별히 다른 사람에 비하여 더 강하거나 약함에 따라 발생하는 사람들 간의 잠재력 차이를 의미한다. 어떤 사람은 지적 영역에서, 어떤 사람은 심미적인 영역에서, 또 어떤 사람은 도덕적인 영역에서, 그리고 지적인 영역에서도 어떤 사람은 과학의 영역에서, 심미적인 영역 중에서도 어떤 사람은 음악에서 잠재력을 가진다. 인간의 특성을 구성하는 모든 영역에 걸쳐 다른 사람들에 비하여 특별히 더 강한 또는 약한 잠재력을 가지고 있을 수 있다.

한편 이러한 잠재력이 구체적인 개인에게서 현재화된 상태, 개발된 상태를 그 개인의 정체성이라 이름 붙일 수 있다.

다시 말하면, 정체성이란 한 사람 개인에게 내재해 있던 잠재력이 개발되어 그 사람의 특성으로 나타나 있는 속성을 의미한다고 정의할 수 있다. 잠재력을 보편적 잠재력과 개별적 잠재력으로 구분한 방식과 연계하여, 인간의 정체성도 보편적 정체성과 개별적 정체성으로 구분하여 이해될 수 있다. 한 개인에게 있어, 인간의 보편적 잠재력이 발현된 상태를 보편적 정체성이 갖추어져 있다고 말할 수 있을 것이며, 개별적 잠재력이 개발되어 있는 상태에 대해서 개별적 정체성이 갖추어져 있다고 할 수 있다.

보편적 정체성이 긍정적으로 바람직한 방향으로 발달한 사람을 '사람다운 사람'이라 부를 수 있을 것이다. 그리고 우리가 흔히 이야기하는 어떤 사람의 개성이나 특기와 적성이라는 것은 이 개별적 정체성의 다른 이름이라고 이해할 수 있다. 이렇게 볼 때 잠재력과 정체성은 동전의 양면과 유사하다. 잠재력은 한 인간의 특성이 내면적 자원으로 구비되어 있는 상태이며, 이것이 개발되어 겉으로 드러나 개인의 자질, 능력, 성품 등의 특성으로 확인될 때, 그 사람의 정체성이 된다.

교육은 인간의 잠재력을 개발하는 활동으로 이해된다. 그렇다면 동시에 교육은 인간의 정체성을 확립시켜 주는 활동이 된다. 교육은 다른 동물과 달리 인간을 인간답게 만들어 주고, 다른 사람과 구별되는 개성이 있고 특기 적성을 가진 사람으로 만들어 주는 활동으로 이해할 수 있다. 매슬로 또한

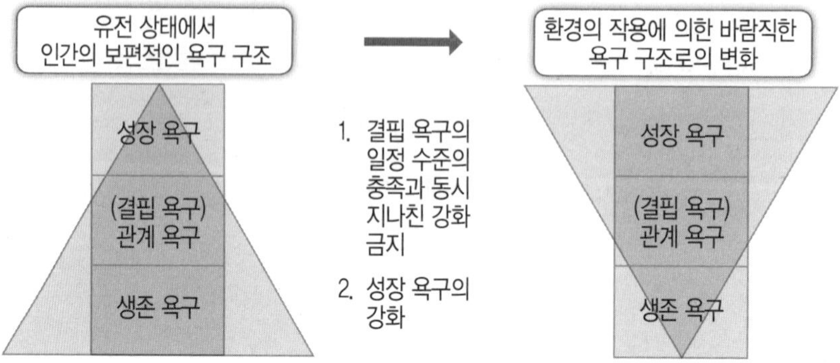

〈그림 10-1〉 바림직한 욕구 구조 형성을 위한 환경의 작용 방식

자아실현하는 일이란 자신이 무엇을 잘하고 무엇을 좋아하는지 알고 그것을 최대한으로 실현하는 일이라 말한다. 그리고 이것을 또한 정체성을 확인하는 것이라고도 설명한다. 사람의 자아가 다른 사람과 공유하는 보편적 특성과 다른 사람과 다른 개성 -개별적 특성- 으로 구성된다면, 자아를 찾고 구현하는 일은 다름 아닌 교육 활동이 된다.

이런 교육을 매슬로의 욕구 체계 이론에 기초해서 정의한다면, 교육이란 욕구 구조를 변화시키는 활동이다. 교육은 아이들의 자아실현(성장, 존재) 욕구를 키우고 결핍 욕구를 축소시키는 활동이다. 인간이 지닌 지, 덕, 체 특성 간의 균형있는 발달을 도모하는 일을 전인교육이라 칭한다는 의미에서 보면, 욕구의 측면에서 교육이란 결핍 욕구와 성장 욕구 간의 균형을 추구하는 전인교육이라 이해할 수 있다.

훌륭한 인간으로서 자아실현자가 드러내는 훌륭함의 특성들은 인간이 다른 생물들과 달리, 태어나면서 보유해서 나오는 잠재력 속에 묻혀 있다. 매슬로는 인간이라는 종으로 태어난다는 의미에서 인간으로 존재한다는 것은 인간이 되어 간다는 의미로 정의되어야 한다고 한다. 이런 의미에서 아이들은 잠재적으로만 인간이며 사회, 문화, 가족 안에서 인간으로 성장해 가야하는 존재라고 말함으로써 환경, 문화, 교육의 중요성을 강조한다. 인간에게 잠재하는 자아실현 욕구는 진화의 과정에서 가장 늦게 획득된 속성이기 때문에 자연스런 상태에서 가장 약하게 나타난다. 따라서 이 약한 본성, 유사 본능적 성향을 찾아내어 인간이 자기를 실현하면서 살아가기 위해서는 다른 어떤 욕구보다도 더욱 환경의 도움을 필요로 한다.

한 개인이 지닌 특성은 유전과 환경에 의해 결정되고 발전된다. 인간의 선한 본성, 자기실현 본성이 아무리 잠재적으로 존재하고 있어도 이것이 동기화되기 위해서는 환경의 도움이 필요하다. 인간이라는 종이 다른 종과 달리 두 발로 걷고 말을 할 수 있는 잠재력을 가지고 태어 난다하여도 이러한 본성들이 문화와 환경에 의해 개발되지 않는다면 결코 인간의 모습을 갖출 수 없다. 매슬로는 문화의 사회적 관계를 두 가지 측면 – 하나는 악으로서의 전통적인 본능과 선으로서의 문화의 대립적 관계로서, 또 하나는 인간 욕구의 자연스런 충족과 소멸을 도와주는 긍정적 환경 – 으로 이해한다. 문화가 본능과의 대립적 관계를 넘어서 긍정적 환경으로서의 역할을 담당해야 구성원들의 자기실현을 도우는 좋은 사회, 건강한 사회를 이룰 수 있다고 한다.

이 긍정적 환경은 두 가지 형태로 아이들에게 도움을 준다. 첫째, 환경이 안전, 소속감, 사랑, 존경과 같은 아동의 기본적인 욕구를 충족시킬 수 있기 때문에 아동은 안전하고 자율적이고 흥미롭고 자발적이라고 느낄 수 있다. 그래서 과감하게 성장 욕구가 추구하는 미지의 것들을 선택할 수 있다. 둘째, 환경이 제공하는 또 다른 도움은 긍정적인 측면에서 성장 지향적인 선택을 더 매력있고 덜 위험하게 만들 수 있다. 퇴행적인 선택을 덜 매력적이고 부담이 크게 만들 수 있다는 것이다.

이제 교육이란 자아실현으로 특성화되는 성장(존재) 욕구를 활성화시키는 활동으로 이해된다. 다시 말하면, 교육은 훌륭한 인간을 육성하는 가장 체계적이고 계획적인 환경을 제공하는 인간의 활동이다. 자아실현자와 그 특성이 매슬로의 용어로 표현된 훌륭한 인간이라면, 오늘 우리 교육에 있어서 훌륭한 인간이란 우리 교육과정이 총론에서 교육의 목적으로 구체화하고 있는 인간상의 특성을 지닌 사람이다. 제 1부에서 이미 설명한 바와 같이, 전인적 성장의 기반 위에 개성의 발달과 진로를 개척하고, 새로운 발상과 도전으로 창의성을 발휘하는 사람이다. 문화적 소양과 다원적 가치에 대한 이해를 바탕으로 품격 있는 삶을 영위하고, 세계와 소통하는 시민으로서 배려와 나눔의 정신으로 공동체 발전에 참여하고자 하는 행동 특성을 보이는 사람이다. 그리고 이런 사람이 되기 위해 갖추어야 할 핵심적인 역량[4]으로서 자기 관리, 정보처리, 창의적 사고, 심미적 감성, 의사 소통, 공동체 역량 등의 요소들이, 21세기 이 시대의 한국 사회가 기대하는 자아실현자로서, 훌륭한 사람으로서 갖추어야 할 기본적인 특성이 될 것이다.

우리는 우리 아이들이 이러한 특성을 드러내는 사람으로 자랄 수 있는 잠재력을 가지고 있고, 우리 교육은 이러한 잠재력 개발, 자아실현 욕구의 활성화를 할 수 있다고 믿는다. 그 구체적인 실천 방안으로서 국가 교육과정의 총론과 교과별 각론이 개발 편성되어 학교 현장에서 실행되기를 기대하고 있다. 이제 훌륭한 사람으로서 성장(존재) 욕구가 확대된 욕

4) 2015년 9월 교육부에 의해 고시된 개정교육과정에서는 기존 총론에서 제시되어 있는 교육과정 목적으로서의 인간상이 상대적으로 추상적인 개념으로 진술된 것에 대하여 보완하는 방식으로 새롭게 6개의 핵심 역량을 제시하였다.

가. 자아 정체성과 자신감을 가지고 자신의 삶과 진로에 필요한 기초 능력과 자질을 갖추어 자기 주도적으로 살아갈 수 있는 자기 관리 역량.

나. 문제를 합리적으로 해결하기 위하여 다양한 영역의 지식과 정보를 처리하고 활용할 수 있는 지식 정보 처리역량.

다. 폭 넓은 기초 지식을 바탕으로 다양한 전문 분야의 지식, 기술, 경험을 융합적으로 활용하여 새로운 것을 창출하는 창의적 사고 역량.

라. 인간에 대한 공감적 이해와 문화적 감수성을 바탕으로 삶의 의미와 가치를 발견하고 향유하는 심미적 감성 역량.

마. 다양한 상황에서 자신의 생각과 감정을 효과적으로 표현하고 다른 사람의 의견을 경청하며 존중하는 의사소통 역량.

바. 지역 · 국가 · 세계 공동체의 구성원에게 요구되는 가치와 태도를 가지고 공동체 발전에 적극적으로 참여하는 공동체 역량

구 구조를 형성하고자하는 교육 활동의 실천 방안으로서의 교육과정이 어떤 심리적 철학적 방법적 원리를 함축하고 있는지 이해해 보자.

11. 성장 욕구의 강화와 학교 교육

요람에서 무덤까지

우리 아이는 누구인가? 어떤 사람인가? 우리 아이들은 왜 이런 정체성을 가지게 되었는가? 아이들의 인지적, 정의적, 심동적 특성은 왜 그렇게 형성이 되었는가? 우리 아이들을 제대로 성장하세하기 위해서, 더 똑똑하고, 더 착하고, 더 잘 하는 사람으로 키우기 위해 우리는 무엇을 해야 하는가? 무엇을 할 수 있는가? 발달심리학은 이러한 질문에 대하여 완벽하지는 않지만 많은 것들을 이야기 해준다. 인간의 발달이란 요람에서부터 무덤까지 인간 특성이 변해 가는 양상, 한

- 인간(행동) 특성 : 인지(똑똑함) – 정의(착함) – 심동(잘함)

- 인간 발달 원리 :
  - 유전과 환경의 결합
  - 개인차
  - 과업발달의 결정적 시기

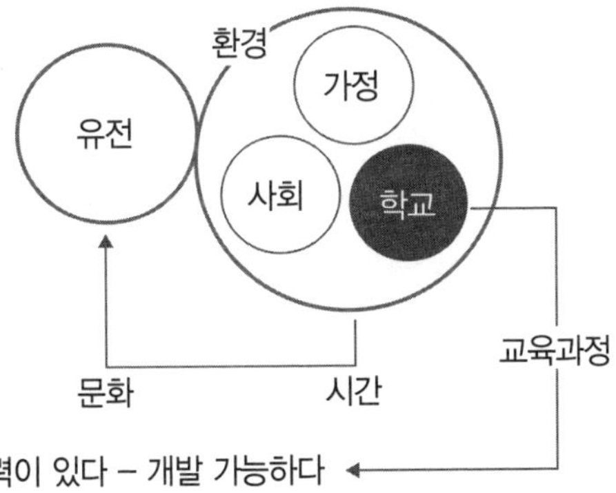

- 교육의 전제 : 미성숙하다 – 잠재력이 있다 – 개발 가능하다

〈그림 11–1〉 교육적 사실과 신념 체계

인간이 성장하면서 주변의 사회적 환경과 상호작용하면서 변해화가는 심리사회적 성장 과정을 의미한다.

이러한 발달의 과정에 적용되는 몇 가지 원리들 –유전과 환경의 결합, 인지적 정의적 심동적 특성의 상호작용, 연속적 과정으로서의 발달 과정과 결정적 또는 민감한 시기, 개인차 등 – 을 살펴보는 것은 인간의 정체성 형성의 과정을 이해하는 데 필수적이다.

우선, 상식의 수준이지만 한 인간의 특성을 결정하는 것은 유전과 환경의 결과물이다. 어떤 부모를 두었느냐, 어떤 가계에서 태어났느냐에 따라 한 인간의 특성의 상당 부분이 결정된다. 그리고 이러한 유전적 특성 위에 잉태 이후의 환경에 의한 자극과 경험에 의해 한 사람의 유전적 특성은 개발되기도 하고, 사라지기도 하고, 강해지기도 하고 약해지기도 한다. 이 관계에서 유전과 환경의 영향력이 상대적으로 얼마나 큰가 하는 문제는 여전히 대답하기 어려운 숙제이다. 다만, 교육의 의의는 교육이 사람을 변화시키는 이러한 환경적 요인의 특별한 형태로 이해될 때 찾을 수 있다. '인간 행동의 계획적인 변화'는 교육에 대한 대표적인 정의 중의 하나이다. 이 정의에 의하면 교육은 인간의 변화를 의도적으로 유도하는 가장 계획적이고 체계적인 환경이라 할 수 있다.

사람의 특성이 지 · 덕 · 체 즉, 인지적, 정의적, 심동적 특성으로 구성된다고 하였다. 이 세 영역은 서로 구분되는 특성 개념이면서도, 동시에 서로 연관되어 있어 상호작용하면서 변화 발달해가는 것으로 이해된다. 단순히 이해해 보면 몸(심동적 차원)이 활력에 차있을 때, 기분(정의적 차원)이 좋고, 이 때 머리(인지적 차원)도 잘 돌아감을 느낄 수 있다. 그 역의 관계도 이해된다. 어떤 일에 대하여 거부 반응(정의적 차원)을 보이다가도, 그 일의 성격과 동기에 대하여 이해(인지적 차원)하게 될 때 거부보다는 오히려 적극적으로 지지하는 입장으로 바뀔 수 있다. 한 사람의 도덕성 내지 정의감(정의적 차원)의 정도가 세상의 이치 내지 인간의 삶에 대한 이해(인지적 차원)의 깊이와 연계되어 있어 보인다. 훌륭한 음악 연주자들이 연주(심동적 차원)에 몰입될 때 청중들의 감동은 물론 연주자 자신의 영혼(인지적, 정의적 차원) 또한 고양됨을 본다.

이러한 상관성에 대하여 이홍우[1]는 전인교육에서 전인에 대한 의미를 가법적(加法的, 단순한 물리적 결합) 접근과 승법적(承法的, 완전한 화학적 결합) 접근으로 구분하여 설명한다. 전인을 구성하는 지 · 덕 · 체는 각각 별개로 가법적으로 존재하는 것이 아니라, 전인 속에서는 어떠한 지(知)도 덕(德)이나 체(體)와 떨어져 별도로 존재할 수 없으며, 승법적인 특성으로 나타난다고 한다.

발달은 연속적으로 일어나며, 특정한 발달 과업으로서의 아이들의 인지적, 정의적, 심동적 특성들의 각각은 그 특성이 특별히 잘 발달하는 시기가 있다. 그 시기를 결정적 시기라

1) 이홍우(1996), 전인교육론, 도덕교육연구 제18집, 1~21쪽.

말한다. 이 시기를 보다 폭 넓게 적용하고자 하는 의도로 민감기라고도 부른다. 에릭슨(Erik Homburger Erikson, 1902~1994)[2]은 말한다. '성장하는 모든 것은 기본적인 계획이 있고, 이 기본적인 것에서 부분들이 발생하고 이 부분들은 각기 우세한 시기가 있으며 이 시기는 모든 부분들이 기능적인 전체를 형성하게 될 때까지 계속된다'.

발달이론과 학교의 역할

〈그림 11-2〉에서 보는 바와 같이 발달이론가들은 아이들의 성장 과정에서 일정한 시기에 특별히 잘 발달하는 과업 특성들을 연구 관찰하여 확인해 주고 있다. 예를 들면 인지의 발달을 연구한 피아제(Jean Piajet, 1896~1980)의 인지발달이론에 의하면, 공간 속에서의 사물의 존재 개념을 인식하는 '대상 영속성 개념'이 생후 2년에 가까워질 때 형성된다고 설명한다. 구체적인 예로서 이해해 보면, 이모나 삼촌이 어린 조카를 데리고 놀면서 아이가 가지고 노는 장난감을 뺏어 허리 뒤

---

2) Erik H. Erikson(1968), *Identity, Youth and Crisis*, N.Y: W.W.Norton and Company. 조대경 역, 에릭슨의 아이덴티티에 대하여, 서울: 삼성출판사.
__________(1950), Child and Society, 유년기와 사회(송제훈 역, 2014), 경기도 고양: 연암서가. 에릭슨은 특히 1968년 저서 아이덴티티 제3장 '생활주기: 아이덴티티의 점성'에서 인간의 성장 단계별 정체성 발달 과정을 설명하고 있다.

발달 단계와 학교 교육 시기

구분	J. Piajet (1888–1980)	B.Proud (1858–1988)	E.Erikson (1802–1884)	
출생–7, 8세	출생–2세 〈감각운동기〉 감각, 모방, 대상 영속성 개념 2–7세 〈전조작기〉 언어(개념) 발달, 직관적 비논리적 사고, 자기중심성, 도덕적 실재론(법의 불변성)	출생–1세 〈구강기〉 구강만족–불만족, 순종적–공격적 2–8세 〈항문기〉 배변 훈련 결벽증, 고집 3–5세 〈남근기〉 콤플렉스(오이디푸스, 엘렉트라) 과시, 과장	출생–1세 〈구강감각기〉 기본적 신뢰 대 불신 2–8세 〈근육 항문기〉 자율성 대 수치심 4–5세 〈남근기〉 주도성 대 죄책감	가정
7–11, 12세	7–11 〈구체적 조작기〉 보존 개념, 가족적 사고, 탈 자기중심성, 부분과 전체의 개념	8–11세 〈잠복기〉 지적, 사회적 발달 초자아 형성 자아 성숙	8–11세 〈잠재기〉 근면성 대 열등감	계획된 환경 : 학교 교육
11, 12세 이후	11세 이후 〈협식적 사고〉 가설연역(논리)적, 조합적, 추상적 사고, 사회 인식 능력	11세 이후 〈생식기〉 성기능 성숙 이성관계 자아 정체감	12–22세 〈사춘기(청소년기)〉 정체성 대 역할 혼합	
(성인기)			〈성인기 초기〉 친밀감 대 고립감 〈장년기〉 생산력 대 침체 〈노년기〉 자아 완성 대 절망	사회

〈그림 11–2〉 발달 시기와 환경 영역

로 감추면서 조카에게 장난감이 없어졌다고 말한다. 만일 이 아이에게 '대상 영속성 개념'이 형성 발달해 있으면 이 아이는 허리 뒤로 돌아와 그 장난감을 찾아가려고 할 것이다. 그러나 아직 대상 영속성 개념이 형성되어 있지 않다면 이 아이는 장난감이 눈에 보이지 않기 때문에 정말 그 장난감이 없어진 것으로 생각하고 그만 울음을 터뜨릴 것이다.

이와 같은 방식으로 어떤 특정한 인지적 특성, 정의적 특성, 심동적 특성의 모든 요소들이 아이들이 성장하는 과정의 기간 기간마다 특별한 발달 과업과 시기가 연계되어 있다. 교육의 시기가 이 결정적 시기에 비하여 너무 앞서거나 너무 늦을 경우 교육의 효과는 상대적으로 감소할 것이다. 발달 과정에 대한 이러한 지식은 우리가 아이들로 하여금 언제 어떤 특성을 개발하도록 할 것인지에 대한 정보를 준다. 언어 학습을 위한 조기교육의 필요성에 대한 주장 등이 이러한 원리에 기초해 있는 대표적 사례라 할 수 있겠다. 수학의 미적분을 몇 학년 때 가르치는 것이 가장 효율적으로 학습될 수 있을 것인지 등과 같은 교과 내용의 학년별 조정 배치에 대한 해답 등을 이러한 발달 이론이 제공해 준다.

다른 사람을 인지하고 함께 살아간다는 공동체 의식이 아직 길러질 연령에 도달하지 않은 아이들에게 다른 사람을 배려하라는 요구는 어리석은 일이거나 참으로 비효율적인 일이 될 것이다. 그렇다고 우선 오로지 공부를 열심히 해서 대학 간 이후에 친구들과 사귀게 하여 좋은 인성을 함양시키겠다는 우리 부모들의 기대 또한 현실화되기 어려울 것이다. 이미 결정적 시기를 놓쳤을지도 모른다. 지적 사고력과 마찬가지로 인성 또한 그 육성에 적절한 결정적 내지 만감한 시기가 별도로 있기 때문이다. 이러한 발달의 과정에서 환경 내지 교육은 학생 개개인의 상대적인 능력과 특성 그리고 그것들의 강도에 따라 가장 적절한 시기에 각 발달 단계마다의 특성들이 발달하거나 발달하지 못하도록 작용한다. 이 과정에 역시 이전의 발달 정도가 영향을 미친다. 아동들은 각 발달 단계마다 그 발달 시기에 도달해 있는 바람직한 과업 특성이 성공적으로 발달하거나 하지 못할 위기에 직면한다. 이를 긍정적으로 이끌어주는 환경을 제공 받을 경우 성공적으로 단계를 이수하게 되고, 이 때 자신의 정체성을 바람직하게 완성해 가는 하나하나의 관문을 통과하게 된다.

개인차의 원리란 발달과 관련한 이 모든 원리들의 적용과 그 결과로서 나타나는 특성에 있어 개인차가 있다는 것이다. 개인차를 너와 내가 다른 개인 간 개인차와 '나는 인지적 특성 보다는 심동적 특성이 더 발달해 있다'는 이야기를 가능하게 하는 개인 내 개인차의 개념으로 구분해서 이해하기도 한다. 인간 유전자 구조의 특성 상 한 부모가 낳을 수 있는 유전자 세트가 다른 아기의 수는 이론적으로 64조 명에 이른다. 그리고 이들이 자라는 성장 과정에서 경험하는 환경이 일란성 쌍생아의 경우에도 같을 수가 없다. 우리는 서로 다를 수밖에 없다. 인지적, 정의적, 심동적 특성에 있어 개인차가 있을 수밖에 없다. 다른 정체성으로 형성될 수밖에 없다.

교육과정과 교육철학

이러한 발달의 과정에서 학교 교육이란 무엇을 의미하는가. 구체적인 시기로 보아 아이들이 다니는 학교를 초등학교, 중학교, 고등학교에 한정해서 보면 주로 7세에서 18세의 기간에 해당된다. 말하자면 초 · 중등 학교교육이란 7~18세 시기의 긍정적 발달을 위하여 계획된, 체계적이고 효율적인, 환경(경험)의 제공을 의미한다. 발달학자들은 특히 생후 초기 12년 동안이 이후의 특성을 결정하는 매우 중요한 시기라고 한다.[3] 이러한 학교교육의 중요한 역할이란, 이 기간 동안 결정적이고 민감한 발달 시기에 도달하는 인지적, 정의적, 심동적 특성을 개발하는 것이다. 동시에 학교에 오기 전 7세까지의 이전 시기에 불완전하게 발달한 과업 특성을 수정 보완하고, 향후 학교를 졸업한 후 시기에 발달할 특성들의 기초를 닦아주는 일이다.

학교가 이러한 역할을 수행하게하기 위하여 12년 동안의 교육 계획서에 해당하는 교육과정을 개발 편성한다. 이 교육 계획서에는 교육의 목적으로 설정된 인간상으로 표현되는 우

---

3) David R. Shaff & Katherine Kipp, *Developmental Psychology*(9th ed.), 발달심리학(송길연 등 역 2014), 서울: 박영 story.

리 아이들의 특성적 모습을 규정하고, 그런 인간상으로 커 가게하기 위한 구체적 교육 내용과 방법이 설명되어 있다. 이러한 교육 목적, 내용, 방법을 찾고 개발하는 과정에 교육에 대한 철학과 교육심리학적 지식이 적용된다. 교육을 통해 길러

교과, 학문 중심 교육과정 : 내용 방법	경험, 인간 중심 교육과정 : 방법 목적
인류 문화 유산으로서의 교과, 교과 지식의 구조를 탐구 발견 학습	생활 경험 위주의 문제 해결, 학생의 흥미 고려 자아실현 목표

학습한다는 것, 교육받는다는 것의 의미 : (통합교육과정) 교과 지식이 학습자에게 내면화(학습자가 변화)되어 세상(삶)을 이해하고, 개인적 잠재력을 확인하여, 정체성을 확립하고 건강한 생활인으로 성장해 가는 것

- (듀이, 교육의 본질) 모든 교육은 개인이 종족의 사회적 의식에 참여함으로써 이루어진다. 이 과정은 거의 태어날 때부터 무의식적으로 시작되며, 이 무의식적 교육을 통하여 개인은 점차로 인류 전체가 축적한 지적 도덕적 자원을 공유하게 된다. (사회적 기관으로서의 학교, 교과 내용으로서의 생활경험, 교육방법으로서의 아동의 능력과 흥미)

- (브르노, 지식의 구조) 학습이란 교과 지식의 구조를 아는 것, 교과의 특성을 이해하는 것, 교과를 교과답게(교과의 성격에 충실한 형태로, 학자처럼: 지구 자전에 대한 공부는 코페르니크스가 본 현상을 보는 것, 교과 감수성) 학습하는 것, 교과에 흥미를 일으키는 가장 좋은 방법은 그것을 알 가치가 있는 것으로 느끼도록(지적 희열) 하는 것

- (이홍우, 지식의 구조와 교과) 교육내용의 의미를 규정하는 용어로서의 '교과'와 '경험'은 두 가지 상이한 실체를 가리키는 용어라기보다 동일한 실체를 가리키되, 그것을 보는 관점의 차이를 말함. 교과 중심은 교과에서 시작하여 경험으로 끝을 맺고, 경험중심은 경험에서 시작하여 교과로 끝을 맺는, 결론적으로 보면 양쪽 입장 모두 '생활(삶)이 반영된 교과에 대한 경험'의 중요성을 의미

- (이홍우, 교육과정 이론) 교육과정은 '삶이란 무엇인가'라는 문제와 정면으로 맞닿아 있으며, 따라서 이 문제를 떠나서 교육과정을 논의한다는 것은 있을 수 없다. 교과 학습을 통하여 궁극적으로 진선미성의 정신을 체험하게 된다. 이 지적 체험을 지행합일 등의 원리에 의해 행동으로 나타날 수 있게 된다(존재적 학습에 의한 자기 변화)

〈그림 11-3〉 교육과정의 목적 : 사고하는 생활인의 육성

내려고 하는 바람직한 인간상을 어떤 특성으로 구성할 것인가 하는 교육 목적의 설정은 우리 시대의 인간과 삶에 대한 우리 사회의 철학적 입장이 반영되어 있다. 그리고 교육심리학의 발달 이론은 교과의 내용을 학년별로 배치 조정하는 데 필요불가결한 정보가 된다.

우리나라 교육과정 변천의 과정에서 1950년대의 1차 시기에서 부터 80년대의 4차 시기까지, 명칭의 변화를 보면 '교과중심 교육과정'에서 '경험중심 교육과정', 그리고 '학문중심 교육과정'에서 '인간중심 교육과정'으로 변경되었었다. 이 변화 과정에서 1차 시기의 교과중심과 3차 시기의 학문중심이 유사한 영역으로, 그리고 2차시기의 경험중심과 4차 시기의 인간중심이 유사한 영역으로 구분되면서 교육철학적 배경을 달리한다. 교과와 학문중심 교육과정은 그 철학적 배경으로 '이상주의'적 교육철학을 반영하는 한편, 경험과 인간 중심 교육과정은 '자연주의'적 교육철학을 반영한다.

이상주의 교육철학은 정신 내지 관념을 유일한 실제로 여기는 가치관 내지 인생관에 기초한다. 초현실적인 궁극적인 가치가 실재한다는 전제하에 우리 아이들 모두가 인간성 안에 가장 좋은 것, 사회가 지니고 있는 가장 소중한 것들을 학습하고 개발하기를 기대한다. 즉 미리 설정된 최고의 인간 모형에 걸맞은 사람을 만드는 것을 교육의 목적으로 설정한다. 그 목적 달성을 위해 필요한 경우 학생 개인의 특수성이 무시되고 규제되고 강제될 수 있다는 방법적 원리를 적용하고자 한다. 역으로 자연주의 교육철학은 물질적이고 현실적인 자연을 실체의 본질로 인정하고, 현실적으로 존재하는 불완전성과 특수성을 객관적으로 수용하는 입장이다. 만들어진 인간보다는 자연 상태의 인간에 대하여 관심을 가진다. 교육의 목적을 아이들이 타고나는 본성을 일깨워주는 것으로 설정하고 아이들의 학습은 주입식이 아니라 자연스런 환경 속에서 순수하고 감각적 경험에 의해 이루어져야 한다고 한다.

이상주의 교육철학이 지나치게 강조될 때 아이들은 억압받고 교육 이념은 교조적일 수 있다. 자연주의 교육철학이 지나치게 강조될 때 아이들은 무질서해지고 사회적으로는 혼돈이 야기될 수 있다. 사실상 두 철학은 동시에 장단점을 가지고 있고, 이에 따라 현재의 교육과정은 이러한 이분법적 논쟁을 더 이상 지속하지 않는다. 두 철학의 좋은 점을 동시에 받아들여 균형을 이루기 위해 노력하고 있다.

교과목, 인류의 문명과 조상들의 삶

한편 교과 내지 과목 또는 교과목은 교육과정에서 중요한 축을 이루는 요소로서 아이들의 학습 내용이 담긴 교육 내용을 구성하고, 이 교육 내용은 주로 교과서에 의해 구체적으로 그 모습을 드러낸다. 아이들의 성장, 인간의 발달을 유도하는 교육에서 교과목의 의미를 이해하는 것은 참으로 중요하다.

교과와 학문의 의미와 그 중요성에 대하여 다음과 같이 설명되기도 한다. “우리를 둘러싸고 있는 현실을 보는 일은 우리가 무슨 일을 하면서 살든지 ‘사람으로서’ 살아가려고 하면 누구든지 해야 하는 일이다. 사람으로 살아가면서 주위의 사물이나 현상을 보지 않으면서 산다는 것은 상상하기 어렵다. 인류가 그 역사를 통해서 사물이나 현상을 보는 수단을 그토록 집요하게 체계적으로 정립해 온 것은 바로 이 점을 보여 준다. 이 체계적인 수단이 곧 학문(교과목)이다. 그러므로 학문을 배운다는 것은 궁극적으로 말하여 ‘인간답게’ 사는 데 유용하다고 볼 수 있다”고 말한다.[4)]

이러한 의미에서 교과는 곧 인류 문명의 총합이라고 이야기할 수 있다. 인류의 조상들이 수천 년, 수만 년의 삶을 살아오며 경험한 모든 지식과 지혜가 학문의 이름으로 분류되어 교육의 장에 드러난 것이 곧 교과목이다. 교과 속에는 삶의 모든 측면, 온갖 종류의 삶의 양태가 들어있다. 그러므로 교과를 익히고 학습한다는 것은 곧 인류 조상의 경험과 지혜를 확인하는 것이며, 자연과 더불어 사회 속에서 살아가는 인간의 삶을 직간접적으로 체험하는 것이 된다.

국어, 영어, 수학, 사회, 역사, 도덕, 과학, 기술, 가정, 음악, 미술, 체육 등의 예로써 구분되는 과목들은 문명과 삶의 다양한 측면들로 구성된다. 추상적인 개념의 수(數)로 만들어

---

4) 이홍우(2006), 지식의 구조와 교과, 서울: 교육과학사, 158쪽.

지는 수학이라는 과목 안에 구성되는 수많은 수학의 내용들조차도 인류 문명의 어떤 부분, 삶의 어떤 측면과 연계되지 않는 것은 없다. 수학은 수많은 사람들의 희생과 봉사, 노력에 의해 지성들이 모여져서 하나의 지적 체계를 형성한 잘 만들어진 작품 세계이고 인류의 문화이며 인간의 존재 의미 그 자체이기도 하다.

수학과 수학 교육은 숫자와 관련한 논리를 포함하는 인지적 영역의 사고 과정일 뿐만 아니라 인성과도 밀접한 관계가 있다고 한다. "인류에 있어 '1'은 이 세상에 존재하는 인종 남녀노소 성별, 학력, 생김새 등 모든 것에서 다르지만 인간 존엄성이라는 관점에서 추상화, 이상화, 공통화 과정을 거치면 모두 동등한 인간으로서 '1'이 되며, '1'은 곧 인간 그 자체이다. 인간으로부터 출발하여 동물, 식물로 확장되어 이 지구상에 존재하는 모든 생명체를 동일시 할 수 있는 것이 '1'이 된다."[5] '1은 단지 하나이고, 하나와 하나의 합은 둘이다'는 지식 이외의 의미를 수학은 가지고 있다. 우리 아이들은 수학을 통하여 수학의 이러한 의미 또한 생각하고 이해하도록 기대되고 있다. 교육과정에 구성되는 교과목의 이러한 의미는 모든 과목에서 적용된다. 인간의 삶에 있어 말과 글을 이해하는 것은 얼마나 중요한 일이며, 예술은 어떤 의미를 가지는가. 우리가 교육을 통하여 인류의 문명을 이해하면서 성공적

5) 김상룡(2003), 인성으로서의 수학과 수학교육, 초등교육연구논총 19(1), 127~142쪽.

인 삶이라는 생의 목적을 달성하고자 한다면, 교육과정을 구성하는 교과목 어느 하나 중요하지 않은 것이 없다.

욕구 구조의 변화, 주입식 암기 교육과 자기 주도적 체험 학습

교과목을 공부한다는 것은 의미 있는 삶을 살기 위하여 필수적으로 요구되는 인류의 문명과 인간의 삶에 대한 이해라는 목적을 가진다는 것 이외에, 그 이상의 중요한 목적을 또 가진다. 교과목 속에서 학생들은 자신을 발견하게 된다. 다양한 인류의 문명과 그 속에서 살아온 온갖 종류의 삶 속에 노출되어 인류의 조상들의 삶을 직간접적으로 경험하게 됨으로써 학생들은 자신이 어떤 사람인지, 자신이 무엇을 좋아하고 무엇을 잘하는 사람인지 확인하게 된다. 인류 문명의 어느 측면에 자신의 잠재력이 숨어 있는지, 자신의 인지적, 정의적, 심동적 특성이 어떤 과목의 어떤 영역에서 더욱 더 잘 반응하는지, 자기의 특기 적성이 무엇인지 확인할 수 있게 된다. 어떤 모습의 정체성을 형성해 갈 때 자신이 더욱 자신감을 가지고 행복하게 살아갈 수 있는지, 어떤 직업을 가질 때 가장 유능하고 즐거운 일꾼이 될 수 있는지 확인할 수 있게 된다.

무용수 홍신자 씨는 국내 대학에서 영문학을 공부하고, 호텔경영학 공부를 위해 미국으로 건너갔다가 뉴욕의 어느 극장에서 연극을 본 후 27세에 무용학도로 뒤늦게 변신하였다. 33세에 세계 전위 무용의 본산 뉴욕 무대에 화려하게 데뷔한 후 '구도의 춤꾼'으로 수식되었던 그녀의 자서전[6]에 이런 일화가 소개된다. '그 춤의 관객이었던 한 젊은 수녀도 춤은 모르는 사람이었다. 공연이 끝났을 때 그녀는 내게 다가와 말했다. "제가 무엇을 느꼈는지 아세요?" 그녀는 처음에 죽음을 느꼈다고 했다. 그러고는 단조로운 그 움직임을 보면서 곧 폭발적인 동작의 변화가 일어나겠지 하는 조마조마한 심정으로 끝가지 기다렸단다. 그러나 춤은 끝내 아무런 변화도 보이지 않고 막을 내렸다. "그러자 폭발적인 변화는 내 속에서 일어나 버렸어요. 사람들이 당신을 '구도의 춤꾼'이란 말로 부르더니 정말이지 춤으로 구도가 가능하다는 것을 느꼈어요"[7] 그리고 이후 이 수녀님은 수녀복을 벗고 구도를 위한 무용수의 길을 걷기 시작하였다 한다. 만일 홍신자 씨나 수녀님이 그들을 무용수의 길로 이끈 춤을 보지 않았다면 어떤 삶을 살아갔을까? 만일 그들이 학창 시절에 춤을 보고 춤을 출 수 있는 기회를 가져 보았었다면 어떤 인생을 살고 있을까?

우리 아이들의 내면에는 참으로 다양한 온갖 종류의 특기와 적성이 잠재되어 있다. 어떤 아이들에겐 지적 감수성이, 어떤 아이들에겐 심미적인 감수성이, 또 어떤 아이들에겐 도

6) 홍신자(1993), 자유를 위한 변명, 서울: 정신세계사.
7) 홍신자(1993), 82쪽.

덕적인 감수성이, 또 어떤 아이들에겐 근로적인[8] 감수성이 정도의 차이를 두고 잠재되어 있다. 지적 감수성 중에서도 어떤 아이들은 과학에, 과학 중에서도 생물에, 생물 안에서도 식물의 성장과 관련하여. 심미적 감수성 중에서도 음악에, 음악 중에서도 어떤 아이들은 악기에 어떤 아이들은 노래에. 어떤 아이들에겐 여러 분야에서 잠재력을 가지고 있고, 또 다른 아이들에겐 거의 모든 분야에서 잠재력을 가지지 못한 아이들도 있을 수 있다. 아이들이 어떤 분야에서 얼마만한 잠재력을 가지고 있는지 어떻게 알 수 있겠는가? 아주 어렸을 때부터 특정한 분야에 비상한 재능을 보이는 아이들은 신동이라 하고 천재라 한다.

불멸의 작곡가 모자르트, 독일 문학의 종결자라 불리는 요한 볼프강 폰 괴테, 워싱턴포스트가 로봇의 레오나르도 다빈치라고 극찬한 데니스 홍, 생후 8개월에 글 뜻을 알고 3세에 글을 지었다는 김시습, 이들 소수의 천재들은 그 각 영역에서 강한 유전적 잠재력을 가지고 태어난 것으로 보인다. 이런 천재들의 경우 그 천재적 재능이 특별한 외부적 자극이 없을 때도 자연스럽게 일상생활 속에서 구현되기도 하고, 작은 외부 환경에 의해서 쉽게 표출된다.

---

8) 근로적 욕구: 필자가 강의하는 교양 강좌를 수강한 어떤 학생이 매슬로의 지적, 심미적 욕구에 추가하여 제안한 성장 욕구의 하나. 성실한 근로를 통하여 자신의 정체성을 확립해가면서 자아실현에 이를 수 있다고 주장하였고, 필자도 설득력이 있다고 생각하고 있다

그러나 대다수의 우리 아이들이 지닌 잠재력은 그다지 강하지 않다. 그것들은 역시 매슬로가 설명하는 욕구 구조의 피라미드 모형의 상위에 위치하는 성장(자아실현 및 지적 · 심미적) 욕구의 단계에 위치해 있다. 태어나는 시기에 아주 미약한 상태로 말 그대로 잠재된 채, 발현되기 위하여 외부의 강한 자극을 기다리고 있다. 우리 아이들의 이러한 잠재력의 위치와 강도를 확인하는 과정이 학교 교육이며, 그 구체적인 자극 수단이 교과 교육이다. 교과를 통하여 아이들은 인류의 문명, 인간 삶의 나양한 측면들을 경험함으로서 자신의 감수성이 어느 영역에서 자극을 받는지 확인하게 된다. 감수성이 자극 받는 곳에 곧 자신의 잠재력이 있다. 그곳에서 특기를 발휘할 수 있게 되고, 그곳에 자신의 직업 적성과 성공적 삶의 통로가 있음을 확인할 수 있게 된다.

교과 교육을 통하여, 교과 영역의 어느 특정한 부분에서 지적, 심미적, 도덕적, 근로적 욕구가 자극을 받게 될 때 아이들은 자신의 유능감과 존재감을 경험하게 된다. 내면에 잠재된 욕구의 충족이 어떤 만족과 기쁨을 주는지 경험하고 깨닫게 된다. 자신의 잠재력의 영역을 확인하게 되면서 자신이 무엇을 잘할 수 있고 무엇을 하고 싶어 하는지를 확인할 수 있게 된다. 이런 경험의 과정이 자아실현으로 가는 통로가 되어준다. 자신이 잘 하는 것, 자신이 좋아하는 것을 자유롭게 추구해 가는, 그 과정에서 얻는 정신적인 만족과 자신의 삶에 대한 긍정적인 태도와 그리고 동시에 얻어지는 여유와 타인의 삶에 대한 인정과 수용의 상태에 도달하는 것, 이 과정을 자아실현으로 가는 길이라 부를 수 있다. 이것이 우리 아이들이 꾸고, 이루어내려고 하는 꿈이 되고 또 되어야 할 것이다.

아이들이 자신의 잠재력이 확인되는 지적, 심미적, 도덕적, 근로적 측면의 온갖 영역에서 성장 욕구를 활성화 시켜 가는 과정에서, 그들의 욕구 구조는 균형을 이루게 될 것이다. 유아기의 피라미드 모양에서부터 점점 상층 구조가 커져가고 하층 구조가 작아지면서 자기완성의 길로 가게 된다. 동시에 교육 외적인 환경이 이러한 변화를 긍정적으로 지원해줄 때 아이들은 조금의 주저도 없이, 일말의 불안도 없이 자신의 꿈을 좇아 나아갈 것이다. 자신의 자아를 실현하기 위해 나아갈 것이다.

다만 우리의 교육 현장에 이러한 교과 교육의 기능을 가로막고 있는 장애물들이 있다. 그 중의 하나가 주입식 암기 교육이다. 이미 제1부 국가 교육과정의 파행적 운영에서 설명한 바와 같이 이러한 방식의 학습은 우리 아이들의 내면에 숨어있는 잠재력을 일깨워 주지 못한다. 호기심을 자극받지 못할 때 잠재력이 활성화되기 어렵다. 지적 호기심의 심리적 메카니즘에 대한 연구 결과[9]가 이것을 확인해 준다. 문제 해결을 위해 노력을 기울이는 과정에서 스스로 호기심을 충족할 때에는 자존감이 높게 유지되어 긍정적인 정서를 경험한다.

9) 성영신 등(2008), 지적 호기심의 심리적 매커니즘: 호기심 충족 방식에 따른 차이 비교, 한국심리학회지: 소비자, 광고 9(2), 305~331쪽.

그러나 외부의 도움에 의해 호기심을 충족한 경우에는 똑같이 호기심을 충족하더라도 자존감이 낮아지고, 이로 인해 상대적으로 부정적인 정서를 경험하게 된다. 우리 아이들이 열심히 공부한 결과로 시험 성적에서는 높은 성취를 얻고 있다. 그러나 인성과 사고력에 있어 만족할 만한 발달을 이루지 못하며, 학생들 스스로도 학습과 생활에 대하여 만족하지 못하는 것은 결국 학습의 방식에서 오는 부정적 결과로 확인된다. 지적 호기심이, 도덕적 심미적 감수성이 자극받지 못한 결과이다.

주입식 암기 교육이 치열한 대학입학시험과 연계될 수밖에 없는 상황은 교수-학습 과정과 평가의 관계에 의해서 특히 잘 설명될 수 있다. 교육에서 평가의 일반적인 기능은 교육과정의 운영 상황과 그 결과를 확인하고, 이후에 진행될 교수-학습 활동의 개선을 위한 정보 제공에 있다. 이런 의미에

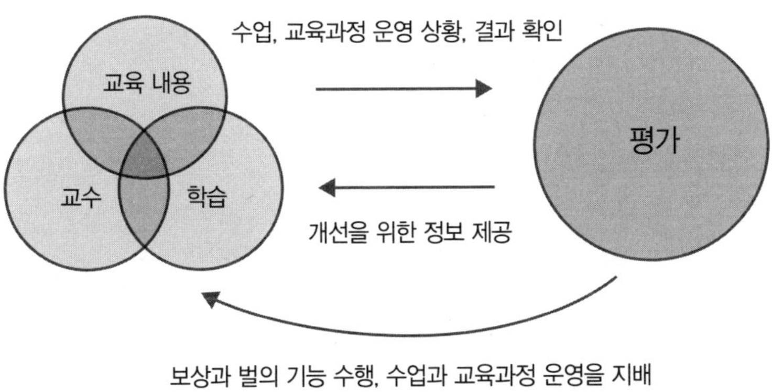

〈그림 11-4〉

서 교수-학습 활동이 주된 교육 활동이 되고 평가는 이를 위한 보조적 과정으로 이해된다. 그런데 현실의 교육 현장에서는 평가가 학습 결과에 대한 보상과 벌의 기능을 수행하게 됨으로써 오히려 교수-학습 과정을 유도하는 주된 기준이 되어버린다. 이러한 논리에 의해 대학입학시험 준비에 우선적 비중을 두는 교실에서는 대표적으로 수학능력시험에 대응한 준비가 교육과정 운영을 지배하게 될 것이다.

수학능력시험은 평가적 측면에서 보면 객관식 선다형 그리고 서열적 상대평가의 특성을 가진다. 이러한 평가 방식은 외재적 의미의 학습 동기는 유발할 수는 있으나, 교수-학습 활동의 개선에 요구되는 정보를 제공하기 어렵고 경쟁심을 조장하며 사고력 개발 보다는 암기위주의 학습을 유도하는 부작용을 낳는다.

이런 교육 환경에서 극복된다면, 사실상 내면의 잠재력을 효과적으로 일깨워주는 주는 많은 교육 이론과 교수-학습 방법이 교육 전문가들에 의하여 소개되어 있음을 볼 수 있다. 최근에 소개되는 '거꾸로 학습법'이 그 대표적인 예이며, 이러한 학습법 또한 내재적 동기에 의해 이루어지는 자기 주도적 학습법의 사례로 이해될 수 있다. 중요한 것은 학생들이 '교과를 교과답게' 공부할 수 있도록 하는 것이다. '교과답게'라는 표현은 그 교과 학습을 통하여 교과의 내용이 알려주고자 하는, 다시 말하면 그것이 의미하는 삶의 측면을 이해하도록 한다는 뜻이다. 교과의 그 내용이 인간의 삶과 어떻게 연관이 되고, 또 삶 속에서는 어떤 의미를 가질 수 있는지 확인하는 과정과 방식을 말한다. 체험하고 생각하면서 그 생각을 대화를 통해 서로 나누는 과정에서 사고력이 형성되고, 의미와 가치를 평가할 수 있게 된다. 고등 정신 능력과 인성은 이런 과정을 거쳐 형성된다.

이런 논의는 모든 교과 영역에서 확인 가능하다. 역사 교육을 예로 보면, 역사 교육의 초점은 학습자가 역사의 본질을 이해하고 사실에 가까운 역사를 찾아갈 수 있는 과정을 학습하는 데 맞춰져야 한다.[10)]역사적 사고력이란 역사가처럼 사고하는 능력, 역사 지식을 활용하여 역사 문제에 관해 가설을 산출하거나 해결 방안을 모색하면서 역사 이해에 도달하려는 의도적 복합적 정신 활동을 수행하는 인지적 조작 능력을 의미한다. 불완전성이라는 역사의 특성은 역사교육의 방향이 역사적 사실의 전달이 아닌 역사의 이해가 되어야 함을 말한다.

그동안 우리나라 역사교과서는 역사적 사건의 일반적인 중요성과 핵심적인 사실 정보를 서술하는 데 주력했다. 학습자는 역사가의 주관성이 배제된 채 서술된 교과서의 내용을 진리로 받아들이고 이를 외우기에 급급했을 뿐 역사 해석의 패러다임은 이해할 수 없었다. 역사 교육은 학습자의 의문에

---

10) 김미선(2009), 역사평가문항에 나타난 역사지식의 특성, 사회과교육 48(3), 1~18쪽.
_______(2009), 중등교실 역사학습평가의 개선 방안, 역사교육연구, (9), 41~96쪽.

서 시작되어야 한다. 학습자가 의문을 제기하고 호기심을 가지며 자신의 생각이나 관점을 표현하는 역사학습이 이루어질 때 올바른 역사이해가 가능하며, 이를 통해 학습자의 역사적 사고력 증진이 가능해진다. 문제는 지금 우리 학교에서 이러한 교육이 이루어지고 있지 않다는 것이다.

김소월의 시 「진달래 꽃」을 읽고 '사뿐히 즈려밟고 가시옵소서'의 구절에 밑줄을 긋는다. 참고서나 선생님에 의해 전달된 그 구절의 의미를 외운다. 그리고 해당하는 문제가 제시되었을 때 올바른 답을 선택한다. 이것은 국어 공부, 문학 공부가 아니다. 시의 주인공이 어떤 상황 속에 있는지 상상해보고, 내가 그 주인공이 되어 보기도 하는 그런 체험과 생각이 있는 학습을 '국어를 국어답게', '문학을 문학답게' 공부한다고 이야기할 수 있다.

또 다른 측면에서 보면, 교육은 정체성을 확립해 가는 과정이다. 정체성이란 인간에 내재해 있는 본성 내지 잠재력이 스스로 또는 외부 환경의 자극에 반응하는 방식으로 발현되어 구성되는 개체의 인지적, 정의적, 심동적 특성을 의미한다. 이러한 특성은 인간 종 전체에 공유된 보편적 특성과 타인과 구분되는 개체 특유의 개별적 특성으로 구분된다. 따라서, 교육이란 인간인 한 개인의 보편성과 개별성을 확인해 가는 과정으로 이해된다. 이 과정은 당연히 바람직한 본성이 드러나도록 좋은 환경을 제공하는 의도적인 정체성 확립 과정으로 이해된다. 교육은 교육과정에 의해 운영되고, 교육과정을 구성하고 있는 교과목들은 인류가 경험하고 생산해온 문명을 대표한다. 이 문명을 통하여 삶에 요구되는 온갖 영역의 지식, 예술, 철학과 성공하고 실패한 조상들의 실체적 삶을 제시함으로써 학생들은 인간과 삶, 그리고 자기 자신의 재능을 확인하는 기회를 제공받는다.

요약하면, 학생들은 교과목을 통해 소개된 지식과 가치, 그것들이 복합적으로 어우러진 삶들을 직간접적으로 체험하여 확인하고, 교사와 다른 학생들과 교환하는, 생각하고 사고하는 과정을 거쳐야 한다. 이 과정에서 인간이란 어떤 존재인지, 삶이란 무엇인지, 어떤 삶이 의미가 있는지, 자신이 누구인지, 무엇을 좋아하고 잘하는지, 무엇을 하고 어떻게 살아야 하는지에 대한 해답을 찾아가야 한다. 학생들은 그 연령, 그 학년에서, 각 발달의 단계마다 그 시기에 잠재되어 있는 인지적, 정의적, 심동적 특성들을 확인하고 개발해 가면서 자신의 정체성을 형성해 간다. 그 각 단계의 교육적 경험이 성공적일 경우 자아실현으로 나아가고자 하는 성장 욕구가 강화되는 바람직한 정체성이 형성될 것이다. 그 교육적 경험이 만족스럽지 못할 때 여전히 결핍 욕구의 구속 안에서 자신을 찾지 못한 채 방황하게 될 것이다.

제4부 우리 안의 무의식

12. 물질과 관계에 대한 트라우마

한국인의 트라우마, 무엇이 이토록 우리를 불안하게 하는가?

교육 영역에서의 경쟁과 주입식 암기 교육 현상은 이것들의 환경을 구성하는 상위 체제로서의 사회의 물질주의와 관계주의로 구조화된 문화적 특성에 의해 발생하고 있음을 인정하자. 그렇다면 이러한 사회적 특성을 그대로 둔 채, 교육 체제 내에서만이라도 물질주의와 관계주의를 극복하여 경쟁을 포기하고 교육과정을 정상적으로 운영하자는 주장은 설득력이 약하다. 현실 속에 있는 원인과 결과의 사실 관계를 인정하지 않으려고 하는, 의지만 가지면 무엇이든 할 수 있다는 당위론적인 비과학적 주장이기 때문이다. 학생을 제외한 교육의 주체들은 평균적으로 이미 그 사회의 문화적 공동체임을 인정해야 한다.

물론 교육이 미성숙한 아이들을 상대로 하고 있기 때문에 그 어떤 사회적 활동보다도 윤리적이고 순수해야 할 당위적 책무를 지고 있다. 그렇기 때문에, 사회는 비록 그렇다 하더라도 교육만큼이라도 사회와 다른 현상을 만들기 위해 노력해야하지 않겠는가 하는 주장이 전혀 설득력이 없는 것은 아니다. 그러나 이런 주장은 마치 도덕적으로 행동하는 일이 옳은 일이기 때문에, 도덕적으로 살아야 한다고 주장만하면 도덕적으로 될 수 있다고 생각하는 규범주의적 오류에 지나지 않는다. 혀 짧은 훈장님이 "나는 '바담 풍(風)'해도 너희들은 '바담 풍' 해라"고 가르치는 것과 흡사하다.

도덕적인 것이 바람직하기 때문에 우리는 도덕적이기 위해 노력한다. 그러나 우리가 도덕적으로 되는 것은 도덕적으로 될 수 있는 현실적인 조건이 구비되는 경우에만 가능하게 된다. 그것이 사실이다. 사회는 물질을 추구하지만 교육만큼이라도 품격있는 정신을 추구하라는 주장이 비현실적이라는 증거는 많다. 그동안 교육의 역할에 대한 이러한 주장은 많았고, 이러한 주장과 함께 정부와 교육 관련 시민단체들의 다양한 정책적 노력과 캠페인이 없지 않았으나, 아직도 현상은 달라지지 않고 있다. 이보다 더 확실한 증거는 없다. 사회 속 경쟁의 심화는 그대로 교육 경쟁의 심화로 이어지고 있다. 우리 사회의 모든 측면에서의 양극화는 아이들의 성적으로 나타나는 교육의 양극화 현상으로 그대로 나타나고 있다.

아이들의 성장 욕구의 강화를 위해 주입식 암기 교육을 중단하고 자기 주도적 체험학습을 실천하자는 주장은 학교 밖 사회문화의 변화없이는 불가능하고 공허하다. 그렇다면 교육을 바꾸자고 하는 주장은 적어도 사회적 변화에 대한 대안과 함께 제시되어야 한다. 그러나 사실상 사회 변화를 위한 대안 제시는 이 작은 책자의 범위를 벗어나 있고, 더욱이 필자의 능력 밖의 일이다. 그러나 이 책에서 진행되어온 교육을 정상화하자는 논의를 조금이라도 현실성 있게 하기 위한 노력이 필요하다고 생각한다. 교육의 변화를 위한 필사적인 노력으로, 사회적 대안의 하나로서 검토 가능할 수도 있을 것 같은 가설 설정과 검증을 감히 시도해 보자.

21세기 초반 현재의 한국 사회에서 관찰되는 물질주의와 관계주의는 합리적으로 설명될 수 있는 기대치를 넘어서고 있다고 평가된다. 성공적인 삶과 인생의 의미가 거의 물질과 관계의 획득 정도에 의해 결정되고 있다. 부와 자리가 곧 그 사람의 인격이 된다. 돈이 없고 지위가 낮은 사람은 사람들 앞에 나서기가 부끄럽고 기가 죽는다. 인생에 실패한 사람 같다. 자식들 보기에도 민망하다. 아무리 체면을 구기고 자존심과 명예를 포기하드라도 조금이라도 더 많은 물질과 조금이라도 더 높은 지위를 얻고 싶은 욕구는 그 한계를 알 수 없을 정도로 강화되어 가고 있다.

우리를 불안하게 하는 것은 물질과 지위뿐만 아니다. 인간관계는 그 자체로도 중요하고, 또 물질과 지위를 획득하기 위한 결정적인 수단인 만큼 물질과 지위만큼이나 중요하다. 어떤 경우에라도 한번 인연이 닿으면 그 끈을 그냥 버려두어서는 안 된다. 그 관계를 지속시켜야 하고 더 견고하게하고 확장시켜야 한다. 모임은 끝없이 진행되고 있고, 이 모임들로 바쁘게 바쁘게 살아가고 있다. 모임이 없으면 불안하고, 모임에 참석하지 않으면 불안하다.

무엇이 이토록 우리를 부와 지위, 관계에 과도하게 집착하게 하는가? 왜 우리는 물질과 관계의 부재와 부족에 이토록 불안해하는 것일까? 인간의 의식을 통하여 합리적으로 설명하기 어려운 인간 행동의 기저에는 무의식이라는 별도의 정신 영역이 있다는 것을 알고 있다. 우리가 인지하고 있는 의식의 세계는 무의식이라는 거대한 빙산의 일각에 지나지 않는다 한다. 의식은 의식이 미치는 한계의 범위 내에서 합리적 통제 하에 무의식의 가능한 일부들을 의식화 하는 기능을 한다. 그러나, 의식이 무의식을 인지하지 못한다는 의미에서 무의식은 의식의 경계 밖에 있으면서, 의식에 영향을 미치고, 의식과 함께 인간의 행동을 계획하고 지시하는 정신적 에너지원을 구성한다.

무의식은 접근하거나 통제할 수 없는 본능적 충동, 아동기의 기억, 억압되었거나 강렬하지만 충족되지 않은 소망과 욕구의 정신적 저장소로 설명된다. 이러한 무의식은 인간이 잉태 당시에 형성된 본능과 함께 유전적으로 형성되기도 하며, 어린 시절의 추억과 경험에 의해 만들어진다. 경험했으나 시간이 지남과 함께 기억에서 사라진 무의식은 그 경험의 내용과 강도에 따라 어떤 특정의 사물이나 상황 등의 대상에 대하여 특별히 좋아하거나 싫어하는 경향성을 띄게 한다. 어릴 때 부모나 가까운 사람으로부터 사랑을 많이 받지 못하고 자란 아이는 지속적으로 다른 사람의 사랑을 요구하는 행동 - 같은 반 아이 괴롭힘 등과 같은 - 을 하게 되지만 그것이 결핍된 사랑에 대한 무의식적 욕구의 충동적 표현이라는 것을 알지 못한다.

엄마가 끄는 유모차를 타고 가다 도로에서 무단 횡단하던 사람이 차에 치어 피를 흘리며 쓰러지는 장면을 18개월 된 어린 아이가 목격하였다. 자라면서 그 장면과 상황이 기억 속에서 사라졌지만, 이 아이에겐 어른이 된 후에도 자동차를 타는 것은 까닭없이 불편하고 피하고 싶은 일이 되었다. 아무 의미 없는 순간적이고 충동적인 말실수 하나도 무의식의 기능으로 설명될 수 있다. 이렇게 형성된 무의식은 까닭을 모르게, 이해할 수 없을 정도로, 우리를 이렇게 저렇게 행동하게 한다. 어떤 행동은 과도하게, 또 어떤 행동은 과소하게 하기도 한다.

정신분석학은 무의식으로 저장되는 충격적 경험을 트라우마(trauma), 정신적 외상, 정신적 상처를 남기는 충격 등으로 표현한다. 이 정신적 외상은 때때로 의식화의 과정을 거쳐 또는 무의식 상태에서 행동으로 표출되기도 하지만 그 상처에 대한 의식적인 치유 활동 또는 결핍에 대한 충족 활동이 도덕적으로 허용되지 않거나 사회적으로 금지되어 있을 경우 의식에 의해 억압된다. 그러나, 정신적 외상이 마냥 억압되어 있지만은 않는다. 특정한 상황 속에서 이 억압 때문에 자아의 존재에 대한 위기가 초래되면, 공포에 대한 거부로서 자기 방어를 위한 부정, 합리화, 퇴행 등의 다양한 방어기제가 작용한다. 그러다 더 이상 견딜 수 없는 한계 상황에 도달하면, 트라우마에 쌓여 온 정신 에너지가 고도로 집중되면서 폭발적으로 분출한다.

이러한 정신 역동적 과정은 개인뿐 아니라 집단에게서도 나타날 수 있다. 개인과 마찬가지로 인류 전체 또는 한 사회 내에서 그 집단의 구성원들이 공유하고 있는 무의식의 원천이 있다. 융(Carl G. Jung, 1875~1961)은 개인적 무의식과 초개인적 내지 집단적 무의식을 구별한다.[1] 인간 한 사람 한 사람의 마음속에는 개인의 기억 말고도 거대한 원상 또는 신화 유형으로 표현되는 무의식이 있다 한다. 원상은 인류 최고의 가장 보편적인 표상의 여러 형식을 말한다. 그것은 감정이기도 하며 관념이기도 하다. 원상은 예전에 인류가 생각하고 느꼈던 바의 가장 아름답고 가장 위대한 것 일체를 포함할 뿐만 아니라, 인간이 예전에 감히 하였던 일체의 사악한 행위 또한 포함한다. 집단 무의식은 인류의 조상이 겪은 경험의 침전물로써, 인간 종으로서 인류 전체가 공유하고 있는 것이기도 하며, 특정한 한 민족 또는 사회의 경우 그 집단의 조상이 경험한 역사의 침전물에 의해 형성된다.

그렇다면 이제 우리는 오늘 우리 한국인의 독특한 행동 특성을 우리가 인식할 수 없는 우리의 집단 무의식의 탓이라 가정할 수 있다. 그리고 이 가정을 집단무의식 논리에 기초하여 다음과 같이 기술해 볼 수 있다.

1) Carl G. Jung, *Analysis of Unconsciousness*, 무의식 분석(설영환 역 2015), 서울: 선영사.

〈물질과 (인간)관계에 대한 강박적 집착에 대한 가설 모형〉

'우리 조상들은 어떤 역사적 경험(환경 내지 사건)을 통하여 물질과 인간관계에 집착하는(물질과 관계에 대한 결핍 경험 또는 결핍 가능성에 대한 공포에 기인하는) 정신적 외상(트라우마)를 가지게 되었고, 한편으로는 어떤 역사적 경험에 의해 이들에 대한 집착(욕구)가 억압되고 있었다. 그런데 결국엔 또 다른 어떤 충격적인 역사적 경험에 의하여, 이 억압이 붕괴(물질과 인간관계의 부족과 상실에 대한 더 이상 견딜 수 없는 충격적인 공포와 불안이 유발) 되면서, 물질과 인간관계에 대한 집착이 폭발적으로 분출되었고, 현재까지 지속되고 있다.'

우리 민족의 긴 역사 속에서 무엇이, 어떤 역사적 경험이 우리 조상들로 하여금 물질과 인간관계에 그토록 목마르게 했을까? 생존의 위협을 느낄 정도로 물질과 인간관계로부터 불안을 느끼게 한 역사적 경험은 무엇일까? 물질과 인간관계의 결핍 상황은 어떤 때 어떤 상황 속에서 우리 조상들의 존재를 위협할 정도로 무서웠던 것일까? 우리의 역사 속에서 그런 때와 그런 상황이 있었는가?

우리 문화의 특징은 전통적으로 '한(恨)'의 문화로 설명되어 왔다. 한은 한국인의 민족적 감정이라고 표현할 수 있을 정도로 가장 심층적인 한국 문화의 근원적인 정신으로 선택된다. 이러한 한은 다양한 심리 상태 – 외로움 같은 한, 허전함 같은 한, 괴로움 같은 한, 슬픔 같은 한, 비참이기도 한 한, 처절한 아픔인 한, 원망에 서린 한 등 – 으로 표현된다. 무엇

때문에 우리 조상들이 그렇게 한 많은 인생을 살았을까? 무엇이 우리 조상들을 그리도 서러워하게 했을까? 인간이 서러움을 느끼는 때는 언제인가? 아마도 경험적으로나 논리적으로 보았을 때 우리 인간이 가장 서러움을 느끼는 때는 먹을 것이 없을 때가 아닌가 생각된다.

생존의 위협에 가장 즉각적인 원인이 먹을 것이 아닌가. 오늘 내일 먹을 끼니가 없는 지속적인 굶주림은 곧 죽음으로 다가가는 과정이 된다. 얼마나 무섭고 또 서럽겠는가? 또 다른 지독한 서러움은 무엇일 수 있을까? 아마도 인간 대접 못 받는 서러움이 아닐까? 다른 사람으로부터 무시당하고, 차별당하고, 멸시받을 때, 터질듯 한 분노와 끝없는 서러움에 몸서리칠 것이다. 먹는 것과 다른 사람으로부터 사랑받고 존중받는 것은 인간 생존의 가장 기초적인 욕구 – 매슬로의 욕구 위계에서 결핍 욕구에 해당 – 이다. 이 욕구가 좌절될 때 인간은 생존을 위협하는 광폭한 결핍과 좌절 앞에서 불안과 공포로 떨게 될 것이다.

그런데 한의 정신적 상태를 묘사하는 대부분의 한에 대한 연구와 달리, '한에 대한 민중사회학적인 시론'[2]은 민중 생활체험의 모습을 한과 연계지어 분석하고 있다. 이 논문은 한을 민중의 실존적 체험이면서 또한 역사적이고 사회적인 체험으로 규정하면서, 한은 억울하고 비참한 고통의 현실 속에서 형

---

2) 한완상 김성기(1987), 한에 대한 민중사회학적인 시론, 현대자본주의와 공동체 이론, 서울대학교사회학연구회편, 서울: 한길사, 253~290쪽.

성되고 유지되고 표출된다고 설명한다. 이것은 일상생활 체험 속에서 생긴 것으로 주로 현실 세계에서 부당하게 눌려왔던 것과 억울하게 꺾여진 것들이 고여 축적되어 온 역사적 구조적인 복합체로 정의된다. 이 때 이 구조적인 요인을 2가지로 파악하고 있다. 우리 조상들이 역사 속에서 경험해 온 만성적인 가난과 관료 권력 내지 양반 계층의 서민 등 하위 계층에 대한 수탈과 착취가 그것이다. 한의 발생 요인과 관련하여 유사한 분석 결과를 또 다른 연구들도 제시하고 있다. 양반과 상놈, 서민과 관료, 가진 자와 못 가진 자 간에 발생하는 부당한 차별대우이고, 또 다른 하나는 가난, 자식 문제, 사업 실패 등에서 오는 필요한 자원의 심각한 결핍을 이야기하고 있다.

만일 이러한 내용의 한이 우리 조상들의 기층문화를 구성하는 기본적인 특성이라면, 우리 조상들의 두려움의 대상은 한을 만들어 낸 가난과 인간 차별이라는 잠정적인 결론을 내릴 수 있다. 가난에 의한 만성적인 고통과 인간 차별에 의한 착취와 수탈에 대한 분노와 불안이 정당한 방식으로 해소되거나 승화되지 못하고 당시의 제도와 문화와 교육, 그리고 현실적 권력의 위세 앞에서 억압되면서 다양한 방식의 방어 기제로 표출되었을 것이다. 물질과 관계에 대한 이러한 공포와 불안의 정신적 외상(트라우마)와 이 공포를 벗어나고자 하는 방어기제의 표출과 현실적 억압을 설명하는 역사적인 예는 많다. 홍경래의 난과 같이 민중의 삶의 질곡에서마다 확인되는 반란이 대표적일 것이다. 신명나게 돌아가는 한풀이 굿판이나 풍자적 해학적인 탈춤의 비판적 초월 등 민중의 생활 속에서도 찾아질 수 있고, 심청전, 흥부전, 장화홍련전, 춘향전, 홍길동전 등등의 민중 문학 속에서도 확인된다.

그렇다면 이렇게 억압되어 온 물질과 인간(관계)에 대한 불안과 공포를 더 이상 견딜 수 없게 만든, 더 이상 방어하지 못할 정도의 불안과 공포를 야기한 충격적인 역사적 사실은 무엇일 수 있겠는가? 물질과 인간관계에 대한 욕구가 폭발적으로 분출되게 한 계기는 무엇일까?

전쟁, 부정적인 인간 본성의 무대

사실상, 전쟁만큼 인간의 생존에 대한 위협을 절박하고 현실적으로 경험하게 하는 상황은 없을 것이다. 전쟁 상황 속에서는 지금까지 세계를 받치던 모든 사고와 개념들이 용해되어 환상처럼 무너진다고 표현된다. 유대인으로서 히틀러의 유대인 학살을 경험한 프로이트[3]는 인류 역사상 가장 고상한 것들을 가장 철저히 타락시키는 것이 전쟁이라 하였다. 전쟁이 가져오는 상황의 처참함과 인간성의 붕괴는 처형, 살육, 약탈, 강간, 고문, 기아, 광기, 증오, 탐욕, 편견, 무절제,

3) Sigmund Freud(2014), 문명 속의 불만(김석희 역) 경기도 파주: 열린책들.

공포, 유혈, 무자비, 분노, 적개심, 증오심, 혐오감, 야만, 범죄, 폭력, 거짓말, 속임수, 탐욕, 잔인성, 분노, 끝없이 이어질 수 있는 부정의 수식어로 구성된다.

이러한 정신과 정서를 고스란히 그대로 시각화하여 보여주는 잘 알려진 그림들도 있다. 스페인 화가인 고야(Francisco Goya 1746~1828)는 프랑스 나폴레옹의 스페인 침공 시, 수도인 마드리드가 함락되면서 스페인 국민들이 겪은 전쟁의 참혹한 상황을 '전쟁의 참화'라는 제목으로 총 82편의 판화[4)]로 구성하였다. 〈그림 12-1〉은 '스프를 먹는 두 노인'이란 그림으로 전쟁 중 스페인 국민들이 겪은 굶주림의 고통과 공포를 충격적으로 시각화 하고 있다. 〈그림 12-2〉는 프랑스 군인이 총으로 민간인 남성들을 학살하고 여인들을 강간하는 것에 대항해서 여인들이 아이들을 부둥켜안은 채 돌과 창으로 저항하고 있는 모습을 그린 것으로 '그리고 거친 짐승들'이란 제목을 붙이고 있다. 흥미로운 것은 고야가 전쟁이 끝난 해인 1814년, 프랑스 군인들이 색출된 스페인 게릴라들을 처형하는 장면을 그린 유화 '5월3일'(〈그림 12-3〉)을 모델로 하여 피카소가 6.25 한국전쟁을 묘사하기 위하여 추상적으로 그린 그림에 '한국에서의 학살'(〈그림 12-4〉)이라는 제목을 붙이고 있다.

우리에게 6.25 전쟁이란 어떤 것인가? 한국전쟁은 1950

---

4) 고야(Francisco Jose de Goya) 판화집, 〈전쟁의 참화〉. 1808~1814년간 프랑스 나폴레옹군대가 스페인을 침공한 반도전쟁의 참상을 스페인 화가 고야가 1810~1820년간 총 82편으로 제작한 판화집.

〈그림 12-1〉 스프를 먹는 두 노인(Two old men eating soup)

〈그림 12-2〉 그리고 거친 짐승들(And are wild animals)

〈그림 12-3〉 고야, 5월 3일, 1814.

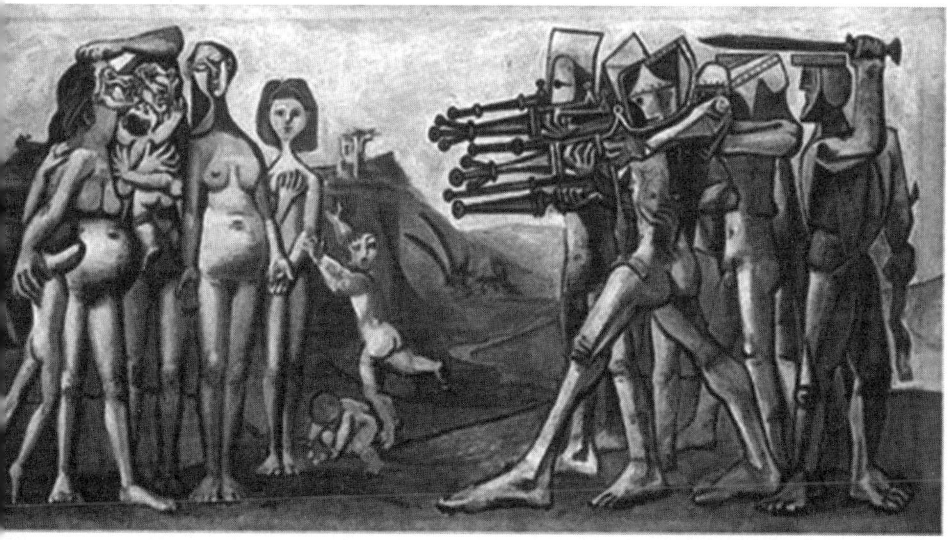

〈그림 12-4〉 피카소, 한국에서의 학살.

년 6월 25일 새벽 조선민주주의인민공화국이 대한민국을 침공함으로써 시작된 전쟁이다. 대한민국을 지원하는 유엔군과 조선민주주의인민공화국을 지원하는 중국 인민지원군 등이 참전하여 세계 대전으로 확대될 수도 있었으나, 1953년 7월 27일에 체결된 휴전협정에 따라 일단락되었다. 국가기록원의 통계에 의하면, 한국전쟁으로 인한 인명 피해는 남한과 북한, 유엔군과 중공군을 포함한 약 100만 명에 달하는 군인이 사망하거나 실종되었고, 민간인 사망자가 24만 명, 학살당하거나 행방불명된 사람들이 43만 명에 이르고, 약 1,500만 명 이상의 피난민이 발생하였다. 1차 세계대전 때만큼의 포탄이 사용되었다는 기록도 있다.

참혹한 폐허와 인명피해를 야기한 한국전쟁에 대한 대부분의 연구들이 군사학적인 그리고 국제정치학적인 또는 한국 국내적인 정치 또는 경제적인 그리고 사회적인 측면에서 그 발발 배경과 과정, 그리고 전후의 상황들을 분석하고 있다. 그러나 이제 우리의 관심은 역사상 유래가 없는 참혹한 한국전쟁이 그 전쟁을 경험한 한국인에게 얼마나 큰 물질에 대한, 그리고 인간과 그 관계에 대한 고통과 공포를 자아내게 하였는지, 그 구체적인 증거를 찾아내는 데까지 확대되어야 한다. 이 일은 군사학적이나 국제정치학적 접근보다는 사회학적인, 그리고 전쟁 당시의 군인의 경험보다는 민간인들의 전쟁 경험을 보는 것이 보다 더 설득력 있는 증거를 얻게 할 수 있을 것이라 기대된다.

연역적인 논리로 보면 전쟁이란 살인이 합법적으로 저질러지면서 인간의 가장 부정적인 본성들이 적나라하게 드러나게 하는 여건을 제공해주는 상황이다. 이러한 상황 속에서 무엇이 구체적인 생존의 위협이 되는가? 우선 무엇보다도 전쟁 상황 속에서 민간인들이 생존을 위해 필요로 하는 것은 식량일 것이다. 식량은 곧 생명이다. 언제 끝날지 모르는 전쟁 속에서 식량의 부재는 곧 죽음을 예견하게 하는 대표적인 공포의 원인이 될 것이다. 또 다른 공포는 무엇일까? 아마도 적군일 것이다. 적군을 만난다는 것은 곧 죽음을 의미한다. 그러니 저만치 앞에서 무엇인가 움직이는 것이 보일 때, 생존을 위해 가장 먼저 해야 할 일은 무엇보다도 저 움직이는 물체가 사람인지 아닌지, 적군인지 아군인지를 확인하는 일이다. 아군과 함께, 우리 편과 함께 있는 것이 안전을 위한 최고의 상책이다.

전쟁 상황에 있는 민간인이 사실상 이 식량(물질)과 사람(인간관계)으로부터 고통과 공포를 느낀다는 것은 이런 의미에서 자연스런 논리가 될 수 있다. 살인이 합법적으로 저질러지는 상황 속에서 인간의 가장 부정적인 본성들이 적나라하게 드러날 수 있는 여건을 전쟁은 제공해 준다. 2014년에 개봉된 '스윗 프랑세즈'라는 영화가 그런 상황을 잘 보여준다. 프랑스가 독일군에 의해 침공되고 부쉬라는 프랑스의 작은 마을을 점령한 독일군 부르노 중위와 독일군과의 전쟁에서 남편이 포로로 잡힌 프랑스 여인 루실과의 이루어지지 못한 사랑이 이

영화의 주요한 테마 중 하나이다. 영화의 줄거리 전개 과정에서 보면, 프랑스의 시골 마을 사람들은 이 마을이 과거부터 지녀 왔던 온갖 종류의 루머와 가십들을 적군인 독일 점령군 장교 부르노에게 알려(고자질하고) 평소 미워하던 이웃 사람들을 벌주기를 바라거나 자신들의 억울함을 해결해 주기를 기대하고 있다. 그런데 우리의 경우 사정은 이보다 훨씬 직접적이고 잔인해진다. 필자는 이러한 사실을 확인할 수 있는 두 권의 책, 『역사 앞에서』[5]와 『마을로 간 한국 전쟁』[6]을 접할 수 있었다.

『역사 앞에서』, 『마을로 간 전쟁』

『역사 앞에서』는 '한 사학자의 6.25 일기'라는 부제목이 붙어 있다. 이 책은 전쟁 당시 서울대 사학과 교수였던 사학자 김성칠이 전쟁 초기 서울에 머물러 있던 기간 동안의 일기를 책으로 편집한 것으로, 1993년 초판으로 출판되고, 2009년 개정판이 나왔다. 일기인 만큼 이 책의 기록은 저자가 본 사람 하나하나, 정황 하나하나를 정확하게 표현하고 있다. 그래

5) 김성칠(2009), 역사 앞에서, 한 사학자의 6.25 일기(정병준 해제), 서울: 창비.

6) 박찬승(2010), 마을로 간 전쟁 – 한국 전쟁 기 마을에서 벌어진 작은 전쟁들, 경기도 파주: 돌베개.

서 내용에 따라서 이 일기는 우리에게 잘못 전달된 6.25 전후사는 말할 것도 없고, 우리가 관념적으로만 알고 있는 해방공간의 사회사를 아는 데 더 없이 좋은 길잡이가 되어 줄 수 있을 것으로 평가된다.

개정판 머리말에서 편집자는 '특히 한국전쟁의 발발과 북한 점령 시기의 체험, 수복 후 풍경에서 숨이 턱 막혔다. 역사학자의 세련된 통찰력과 경험에서 우러나온 진정성으로 격랑의 시대를 명징하게 드러내 보여 주었기 때문이다. 한국전쟁기 한국 측 자료, 미국 측 자료, 미군이 북한에서 노획한 문서철, 소련 해체 이후 공개된 러시아 문서 등을 종횡으로 짜깁기해서야 다가설 수 있었던 시대상과 진실을 저자는 자기경험과 통찰력을 통해 단숨에 드러내 보여주었던 것이다'[7]고 말한다.

이렇게 평가 서술되고 있는 이 일기책은 전쟁 초기의 식량부족 상황에 대하여 다양한 사례를 소개하고 있다. 예를 소개하면 "총을 쏘라우. 이대로 창사가 곯아 비틀어져 죽는 괴로움보다는 차라리 총을 맞아 죽는 것이 좋지."[8] 1950년 9월 6일 일기다. 야간에 소등하라는 북한군의 요구에 대하여 한 이웃아줌마의 대응이다. 전쟁 시작 후부터 북한군이 서울을 점령한 기간 동안 이러한 종류의 일기 이야기는 끊이지 않고 소개된다. 온 가족이 굶다 굶다 지쳐서 움직일 기력도 없이 즐

---

7) 김성칠(2009), 7쪽.

8) 김성칠(2009), 214쪽.

번하게 누워있는 장면, 이웃집 노인이 며칠 시름시름 앓다가 마침내 굶어 죽었다는 소문, 부상으로 다친 남편이 굶어죽은 후로 악에 받혀있는 아낙네 등 주변 이웃들의 굶어죽은 사례가 끊이지 않고 언급된다. 전선 아닌 곳에서 발생하는 기아로 인한 죽음에의 공포이다.

인천상륙 작전으로 서울이 수복되는 과정에서도 이러한 상황은 연속되고 있다. 그리고 이 일기는 기아에 대한 두려움, 굶어 죽은 자에 대한 이야기 이외에 또 다른 공포에 대하여도 전해주고 있다. 1950년 9월 15일 인천 상륙작전으로 9월 28일 서울이 수복이 된 이후의 10월 11일 일기이다. "설마 그런 일이 있을 수 있을까 하였더니, 경성농업 교원으로 있던 신군이 시골로 피란 가서 아직 오지 않았는데 어떤 경관이 그 집을 점거하고 가산을 전부 차압하여 그대로 점유 사용하고 그러고는 이웃에 성언하여 가로되, '신모는 빨갱이니 다시오면 잡아 죽인다'고. 신군 억울하게 집과 가산을 잃고 빨갱이란 누명까지 쓰게 되었으니 돌아오면 그 심경이 어떠하리"[9]라고 쓰고 있다. 전쟁 중 전선 이외의 곳에서 벌어진 한국 전쟁의 독특한 상황의 한 장면이다. 빨갱이란 말은 단순한 정치적 사회적 지위나 호칭이 아니라 생사를 가르는 불안과 공포를 자아내는 상징이 되었다. 북한군에 의해 점령되었다가 수복된 서울에서 사실상 거의 매일의 일기에서 확인되고 있는 상황

9) 김성칠(2009), 260쪽.

이다.

이 책의 부록에서 이화여대 국문과 교수로 재직하였던 일기 저자의 부인의 글 중에 이런 이야기가 있다. '인간관계가 원만하다는 것은 전쟁 중에는 특히 필요한 일이다. 마을에서 인심을 잃는다든가 이웃과 화합하지 못하면 이것은 치명적인 결점이다. 나는 그를 따라 몇 군데 이사를 다니면서 이웃과의 화목의 길을 배웠다. 새로 이사를 가면 이웃집을 위시해서 근방 몇 집에 약간의 선물(그 때는 빨랫비누 같은 것이었다)을 돌리며 새로 이사 들어온 이무개라고 아이들 이름을 대며 인사를 놀았다. 또 손가장 마을에 들어가서 첫해에 토끼 몇 쌍을 키웠는데, 새끼가 나오는 대로 좀 키워서 마을 아이들에게 나누어 주어서 키우게 하였다. 마음을 나누고 물건을 나누고 하는 중에 서로 가까워지고 음식도 별식만 있으면 오고가고 하게 되면 이웃사촌이 되는 것이다'[10] 이런 이웃사촌 만들기는 정을 나누기 위한 이웃이 아니라 생존을 위한 이웃이었던 것이다.

전쟁 중에 왜 이렇게 해야만 했는지를 더욱 분명하게 확인해 주는 이야기가 또 있다. 박찬승의 『마을로 간 한국전쟁』은 '한국 전쟁기 마을에서 벌어진 작은 전쟁들'이란 부제가 붙어 있다. 이 책 머리말에서 박찬승은 전쟁 기간 동안의 인적 피해에 대한 설명과 함께, 남북한의 군인 사망자 합이 약 44만 명, 민간인 사망자 합이 약 65만 명으로 민간인 사망자가 군

10) 김성칠(2009), 356~357쪽.

인 사망자보다 훨씬 많다는 점을 지적한다. 이는 곧 한국 전쟁에서의 희생자 피해는 전선의 군인들보다 후방의 민간인들 쪽이 더 컸다는 것을 말해 준다. 이런 현상은 후방에서의 민간인들의 피해가 상상을 초월하고, 그 원인으로 남과 북의 국가권력 그리고 그들의 수족 역할을 했던 좌우익에 의한 대규모의 반복된 학살에서 비롯되었다는 것을 의미한다.

그리고 우리의 이 마을로 간 한국 전쟁에 대한 이야기는 마을 속에서 개인 간에 집단 간에 응어리져온 수많은 갈등들이 전쟁을 통해, 그리고 전쟁을 빌미로 다시 재연되고 현재화 된 구체적 사례들로 가득 채워져 있다. 전쟁 이전에 마을에서 벌어진 좌우익 간의 충돌, 인민군이 들어온 이후 시작된 학살, 인민군 철수 시 벌어진 엄청난 학살과 수복 후 벌어진 보복, 그리고 입산한 이들의 최후, 전쟁 이후 좌익 가족들이 겪은 수난 등의 전쟁 이야기는 진도의 동족 마을, 영암의 두 양반 집안 간, 부여의 양반 마을과 평민 마을 간, 당진의 지주와 소작인 갈등 등의 마을의 역사적 갈등 사례들과 연계되어 진행된다. 신분제, 지주제로 인한 그리고 생활 속의 갈등들을 포함하여 지역마다 동네마다 다양한 형태의 갈등들이 있고, 한국 전쟁은 이런 갈등들을 적나라하게 표출시킬 수 있는 장을 마련해 주었다.

저자의 결론은 이렇다. '그것은 전쟁이전 한국 사회는 갈등요소가 대단히 많은 사회였고 한국인들은 이러한 갈등을 현명하게 해결하지 못했으며, 그 결과가 한국 전쟁 기에 격

렬한 충동과 반복적인 학살로 나타났다는 점이다. 갈등구조는 매우 복합적인 것이었다. 과거의 양반-평민 간의 신분 갈등, 지주-소작인(혹은 머슴) 간의 계급 갈등, 친족 내부의 갈등, 마을 간의 갈등, 기독교도와 사회주의자 간의 종교 혹은 이념 갈등 등이 복합적 갈등구조를 형성하고 있는 것으로 파악했다.(중략). 이 과정에서 국가권력의 개입과 강제로 그 갈등이 더 강렬하게 노정되었다.'[11]

앞서 제시되었던 가설 모형을 구체적인 역사적 사실로 대입해서 다시 정리해 보자. 우리 조상들은 긴 역사 속에서 한 문화로 이름 붙여진 지속적인 가난과 멸시의 굴레 속에서 살아왔다. 이 가난과 멸시, 곧 물질적 여유와 인간적 존중의 결핍과 부재에 대한 불안과 고통이 민중들의 삶을 끝없는 질곡 속으로 빠뜨렸지만 유교적 도리와 제도적 억압 속에서 그 불안과 고통을 해소하거나 승화시킬 기회를 얻지 못한 채 응어리진 한(정신적 외상)으로 안고 살아왔다. 이런 우리들에게 전쟁이라는 최악의 생존 위협적 그리고 무정부적 상황은 그동안 억압되어 왔던 물질과 인간에 대한 불안을 극도로 강화시키면서 더 이상 억누를 수 없는 상태로 몰고 갔고 결국은 폭발적으로 터져 나왔다. 이러한 폭발이 전쟁 중에는 특히 사람과의 관계에서 형성되었던 한을 보복이라는 부정적 방식으로 해결한 것으로 확인된다.

---

11) 박찬승(2010), 56쪽.

반면, 외형적으로는 전쟁이 끝난 지금 휴전 상태에서도 우리의 무의식 속에 여전히 잠재되어 있는 물질과 사람에 대한 불안은 끊임없이 물질과 인간관계를 추구하도록 우리에게 명령하고 있다. 이 무의식은 돈이란 절대 충분할 수 없기 때문에 한 푼이라도 더 벌어야 하고, 어떻게 해서든 사람들을 잘 사귀어서 어떤 경우에도 대비할 수 있어야 한다고 귀에 대고 속삭인다. 돈 없이 인맥 없이 이 세상에서 어떻게 버티고 살 것인지 우리를 위협하고 불안하게 한다. 이런 속삭임과 위협 아래에서 우리는 일반 이론으로는 설명이 안 되는, 합리적 사고로는 이해하기 불가능할 정도로 물질과 관계를 과도하게 추구하는 행동을 하고 있다. 물론 이러한 상황을 가능하게 한 또 다른 요인들로서 해방 후 우리가 향유해 온 자유민주주의라는 정치적 조건과 자본주의적 발전이라는 경제적 조건 등도 동시에 이야기하지 않을 수 없을 것이다.

물질과 관계에 대한 외상(트라우마)의 치유

한국의 현대사는 전쟁으로부터 시작되었다. 그리고 휴전 상태인 한반도에서 전쟁은 아직 끝나지 않고 있다. 의식과 달리 우리의 무의식은 여전히 전쟁 상태에 있고, 우리로 하여금 생존을 위한 물질과 관계에 집착하라고 명령하고 있다. 더욱 더 정교한 연구가 당연히 필요하겠지만, 만일 앞서 제시한 〈물질과 (인간)관계에 대한 강박적 집착에 대한 가설 모형〉이 사실로 확인된다면, 우리의 대안은 어쩌면 비교적 어렵지 않게 확인될 수도 있겠다. 무엇보다도 물질과 관계에 대한 집착을 유발하는 불안과 공포를 달래고 위로해야 한다. 어떤 구체적인 과제를 수행해야 할 것인가? 우선적으로 직접적인 위협이 되는 전쟁(현재의 휴전) 상태를 어떤 방식으로든 종식시켜야 할 것이다. 그리고 북한과의 불안정한 관계를 국민의 불안을 자극하는 방식으로 활용하는 모든 행위는 중지되어야 한다. 이러한 행위는 무의식에 대한 정신분석학적 측면에서 보면 온 국민의 트라우마를 의도적으로 자극하여 신경증을 유발시키는 비인간적이고 반사회적 행위로 평가될 수 있다.

그리고 한편으로는 우리 영혼이 겪는 이 깊은 불안 – 물질과 관계에 대한 감당할 수 없는 결핍 욕구에 의해 발생하는 – 의 뿌리를 흔들어 뽑아내어야 한다. 이 불안을 민족적 자아실현의 성장 욕구로 승화시키기 위하여 우리 역사에 대한 더욱 깊은 이해와 통찰이 필요하다. 왜 내가 불안해하는지 아는 것은 그 불안으로부터 극복하기 위한 필수적인 요소이다. 우리 자신에 대하여 더 잘 이해할 필요가 있다. 우리 조상들의 한이 여전히 나의 한으로 대물림되어 있다면, 이 한을 승화시켜야 한다. 한국의 역사에 대하여 특히 한의 역사에 대하여 더욱 더 깊은 연구와 이해가 필요하다.

그리고 또 무엇이겠는가. 한국이라는 국가 공동체 안에서 살아간다면 어떤 상황에서도 생존을 위협받을 정도의 물질과 관계의 결핍 상태로부터 안전할 수 있음을 확인할 수 있어야 한다. 최소한의 복지제도가 이를 뒷받침해 줄 것이다. 그러나 물질과 관계에 대한 한 풀이는 물질과 관계의 충족만으로는 결코 완결되지 않는다. 이 점에서 매슬로의 동기 이론이 주는 교훈을 다시 확인할 필요가 있다. 욕구 구조의 근본적인 변화를 유도하는 교육적 시도와 함께 국가 공동체의 건강한 발전을 위한 다양한 노력들이 경주되어야 한다.

무의식에 의해 습관적으로 행해지는 바람직하지 않은 정신, 태도, 행동들을 바로잡기 위하여 당연히 전문가적인 처방에 기초한 다양한 제도적 치료가 이루어져야 한다. 그러나 아직은 정신분석학이 우리에게 무의식으로부터의 완전한 극복을 위한 모든 처방을 제시해 주지는 못하고 있다. 그 부족은 결국 개선에 대한 우리의 열망과 의지로 메꾸어야 한다. 보다 성숙한 치유의 길을 모색할 수 있기를 기대하면서 『역사 앞에서』의 저자 부인의 염려를 함께 나누어본다.

'그러나 깊이 생각하면, 이 역사적 기록이라는 것은 개인적 차원을 넘어서는 문제라고 하겠다. 6.25 동란이라는 사건은 한낱 개인 체험의 영역을 넘어서는 민족적 차원의 역사적 사실이며, 더 나아가서는 전쟁이라는 인간 행동에 대한 깊은 근원적 성찰이 가해져야만 하는 초개(인적) 차원의 문제라 할 것이다. 우리는 지금 민족의 통일을 앞두고 전날의 상처를 건드리지 않고 덮어두기만 하면 능사인가 반문할 필요가 있다. 민족에 있어서도 개인에 있어서와 마찬가지로 의식의 성숙을 이룩하려면 고통을 철저히 극복해야만 한다고 생각한다. 고통의 철저한 극복은 고통을 은폐하거나 회피해서는 되지 않는다고 본다.....우리 민족 전체가 피 흘리고 질식 상태에 있었던 6.25 동란의 고통을 무엇으로 보상받겠는가? 그 고통을 극복하고 탈피해서 민족전체가 정신적 성숙으로 재생 변신하는 길 밖에는 보상받을 길이 없을 것이다..... 전쟁이란 인간에게 있어서 광기요 병이다. 시간이 경과하면 표면으로는 치유된 것처럼 보이지만 근본적 치유가 안 되었으면 또 언제 어디서 터져 나올지 모른다.'[12]

12) 김성칠(2009), 350~351쪽.

나가기

13. 학교에서 우리 아이 찾기

어떤 삶을 살 것인지는 어떤 욕구를 갖느냐에 따라 달라지고, 어떤 욕구를 가지게 되는 지는 어떤 환경 속에서 자라느냐에 따라 결정된다. 교육은 의도된 환경으로써 우리 아이들에게 어떤 교육을 하느냐에 따라 우리 아이들의 욕구의 구조가 달라지고, 삶은 달라진다. 적어도 12년의 학교교육은 아이들이 인간으로서의 자기를 찾고자 하는 욕구를 왕성하게 키우는 과정이 되어야 한다.

융(C. G. Jung, 1875~1961)[1]의 표현을 빌리면, 자기는 인생의 목표이며, 자기는 우리가 개성이라고 부르고 있는 운명적 통일체의 가장 완벽한 표현이다. 그리고 융은 교육의 궁극의 목표는 무의식적인 것[2]을 의식화하는 데 있다고 한다. 이 말들을 교육학적 표현으로 바꾸어 보면, '교육이란 개인의 잠재력을 개발하여, 인간에게 보편적으로 공유되어 있는 긍정적 인성과 다른 사람과 달리 자신만이 지닌 특기와 적성을 확인하여 키움으로써 개인의 정체성을 형성시켜 주는 일이며, 이 일은 한 개인의 삶에서 인생의 목표로 설정해야 할 만큼 가장 중요한 일이다'라는 의미로 해석할 수 있다.

---

1) Carl G. Jung(2014), 영혼을 찾는 현대인, (김세영 역), 서울: 부글북스.
2) 이 때의 무의식은 트라우마와 같은 부정적인 내용보다는 긍정적 의미의 잠재력을 지칭하는 것으로 해석된다.

교육의 또 다른 정의인 '사람을 사람답게 키우는 일'을 융의 정의와 연결하여 보면, '사람은 자기가 될 때, 자기의 개성을 드러내면서 살 때, 가장 사람답다'고 해석할 수 있다. 이런 해석들을 받아들인다면 '교육받은 사람'이란 어떤 사람인가? 교육받은 사람이란 자기가 누구인지를 아는 사람이다. 자기가 무엇을 잘하고 무엇을 좋아하는 사람인지를 아는 사람, 인간과 인간의 삶을 이해하면서 자신의 개성, 특기와 적성을 알고 그것을 드러내면서 살아가는 사람이라 할 수 있다. 교육은 우리 아이들로 하여금 자기를 찾게 해 주는 일이며, 자신이 인간임을 깨닫게 하면서 어떤 독특한 인간인지를 알게 해주는 어른들의 일이다.

매슬로(A. Maslow) 식으로 말하면 교육은 자아실현자를 기르는 일이다. 자아실현자란 성장 욕구가 활성화 되어있는 사람이다. 결핍 욕구와 성장 욕구가 균형을 이루고 있어 결핍 욕구의 지배를 받기도 하지만 대체로 성장 욕구에 기초하여 자신의 행동을 결정하는 사람이다. 인간은 비대한 결핍 욕구와 미약한 성장 욕구를 지니고 태어난다. 그리고 학습하고 살아가면서 이 욕구의 구조에 변화가 초래된다. 인간은 발달의 단계를 성공적으로 수행하면서 인간이 되어 가고, 성장 욕구가 활성화될 때 비로소 다른 동물과 구별되는 인간의 종으로 완성될 수 있다. 인간은 다른 동물과 달리 성장을 위한 지적, 심미적, 도덕적, 근로적 욕구를 가지고 있고, 이 욕구들이 활성화될 때 자아실현으로 가는 통로가 열린다.

그러나 인간이 태어날 때 이 욕구들은 너무나 미약한 상태에 있기 때문에 이것들을 자극시켜주는 긍정적 환경 속에 노출되어야 비로소 활성화된다. 교육은 이 욕구들을 자극시키는 무엇보다도 중요한 환경이 된다. 만일 가정과 사회의 환경과 학교 교육이 이 기능을 상실할 때, 우리 아이들은 인간으로 성장해 갈 수 있는 통로를 찾지 못한다. 매슬로는 인간은 자신이 진화를 스스로 책임지는 시점에 이르렀다고 선포한다. 그리고 우리는 스스로 진화하는 자가 되었다고 말한다. 진화는 선택하고 결정하는 것을 의미한다.

과도한 물질주의와 관계주의로 구조화된 환경 속에서 우리 아이들이 자라고 있다. 어떤 어른들은 사람이란 철이 들수록 내 것을 챙기는 일에 민감해야 한다고, 그것이 어른스런 태도라고 가르친다. 그런데 이 말은 철이 들수록 동물적 욕구 구조를 강화시켜야 한다는, 인간으로의 진화를 거부하라는 말과 같다. 잠재력을 개발하지 말라는, 굳이 특기 적성을 찾지 말라는 이야기와 같다. 자기를 찾아서는 안 된다는, 자기가 누구인지, 무엇을 좋아하고 무엇을 잘하는지 알아서는 안 된다는 이야기다. 이런 어른들은 지키지 않는 사람이 잘 사는 것이 지키지 않기 때문인 것으로 잘못 알고 있다. 사실은 그들과 달리 지키는 사람이 있기 때문이라는 것을 모른다. 자기 안에 있는 인간을 찾아 그것을 지키며 살아가고자 하는, 인간이 되고자 하는 사람들에 의해 인간 사회가 유지 발전되고 있다는 것을 모른다.

학교가 이런 사회적 환경을 이겨내는 데 역부족을 드러내고 있다. 오히려 학교 교육 또한 이런 환경 속에서 아이들의 결핍 욕구를 강화시키는 일에 일조하고 있다. 교육은 욕구와 관련하여 두 가지 기능을 가진다. 하나는 결핍 욕구의 장기적 충족을 위한 생활 도구로서의 자질과 능력을 갖추게 하는 것이며, 또 다른 하나는 성장 욕구를 자극하여 인간성을 확인하고 자기를 찾게 해주는 일이다. 전자를 교육의 외재적 목적이라 한다면, 후자는 교육의 내재적 목적이라 할 수 있다. 학교 교육이 교육을 도구화 하는 외재적 목적에 지나치게 치중하게 될 때, 우리 아이들의 성장 욕구는 고사하게 되고, 자신이 누구인지조차도 모르게 된다. 어른들의 결핍 욕구로 인해 성적의 포로가 된 우리 아이들은 교과를 교과답게 학습함으로써 경험할 수 있는 인류의 온갖 형태의 삶을 확인하고 체험할 기회를 박탈당하고 있다. 깨닫고 생각하는 존재적 학습을 통해 얻을 수 있는 자기 찾음의 즐거움을 모른 채, 지적 호기심과 심미적 감수성이 억압된 채 언제나 불만족스럽고 불안하다. 물질과 지위, 성적이라는 한정된 재화는 이것들의 획득을 목적으로 살아가는 모든 사람들을 불안하게 하고 신경증을 앓게 한다. 재화의 획득을 목적으로 하는 경쟁은 승자와 패자 모두에게 끝없는 결핍의 굴레를 벗어나지 못하게 한다.

한국인의 恨이란 결국 개성 있는 인간으로 성장하여, 인간답게 살고자 하는 자아실현 욕구가 억압되어 온 역사 속에서 발생한 정신적 외상으로 이해된다. 이제 우리는 이 외상

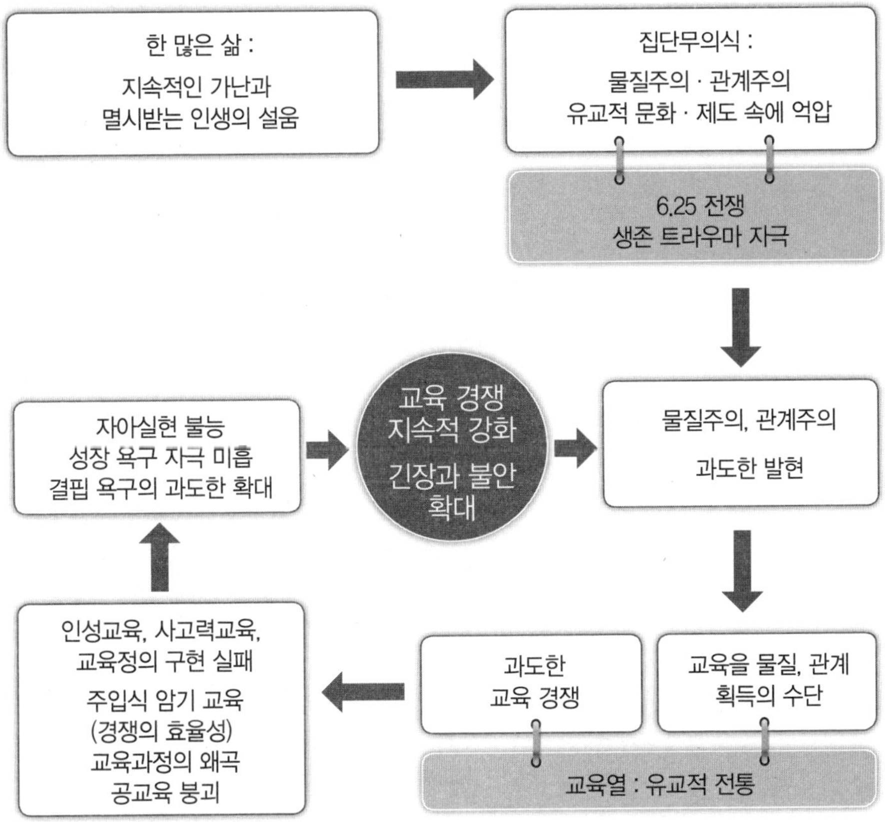

〈그림 13-1〉 물질과 관계 불안과 사회와 교육 경쟁의 악순환

의 치유를 위한 사회적 교육적 선택을 할 때가 되었다. 한 사회가 드러내는 극단적으로 비대해진 결핍 욕구를 충족시키는 일은 사실적으로 불가능한 것이기 때문에, 우리의 恨은 물질과 지위의 추구를 통해 풀어낼 수가 없음을 이해하고 받아들여야 한다. 우리가 아이들에게 가르쳐야 할 것은 경쟁이 아니라 경쟁의 의미이다. 경쟁심은 생존을 위하여 물질과 지위를

획득하고자 하는 삶의 과정 속에서, 본래 가지고 태어난 가장 강한 본성에 기초해서 자연스럽게 발휘된다. 다른 동물과 구별되는 인간의 한 특징은 이성을 가졌다는 점이다. 우리가 교육을 통해 할 일은 아이들이 경쟁에 뛰어들기 전에, 왜 경쟁을 하는지, 경쟁은 해야 하는 것인지, 어떤 경쟁이 있을 수 있는지, 경쟁이 개인과 사회에 무엇을 요구하고, 어떤 결과를 초래할 수 있는지를, 이 이성에 기초하여 생각하게 하는 것이다.

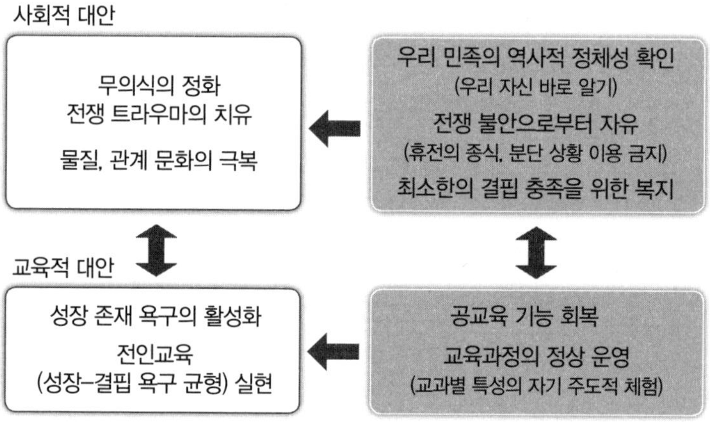

〈그림 13-2〉 교육과 사회의 문제와 검토 대안

인간이 살아가는 삶 속에서 물질과 지위를 획득하는 활동 외에 인간이 할 수 있는 일이 무엇인지 아이들이 알아야 하지 않겠는가? 위대한 지성과 아름다운 예술이 한 개인이나 한 사회의 삶을 어떻게 변화시킬 수 있는지 알아야 한다. 따뜻한 인간성이 사람과 사회의 품위를 얼마나 높일 수 있는지, 남을 배려한다는 것이 결국 자신의 행복이 된다는 것도 알아야 한다. 다른 사람을 이겼다는 기쁨과는 다른 차원에서, 자신이 잘하고 좋아하는 것을 성취하였을 때 인간의 영혼이 얼마나 고양될 수 있는지를 또한 체험해야 한다. 이러한 경험들은 인간으로 살아가기 위한 필요 조건들이다. 춤으로도 도를 구하는 것이 가능하다는 것을 깨닫게 된 수녀님과 같이 우리 아이들은 각자가 자신의 잠재력이 있는 온갖 영역에서 감동받고 깨달음을 얻을 수 있고 충만한 삶을 살아갈 수 있다. 우리 아이들의 내면 깊숙이 고여 있는 지적, 심미적, 도덕적 열망들을 꺼내어 자신의 삶을 살게 하여야 한다. 호랑이가 호랑이답게, 말이 말답게 사는 것 같이, 인간이 인간답게 살아가는 것이 얼마나 고귀하고 행복한 일인지 경험하게 해 주어야 하지 않겠는가?

어떤 삶을 살아갈지는 아이들이 스스로 결정할 일이다. 내 삶을 내가 아닌 누가 결정하게 하겠는가. 부모가, 선생님이, 어른이 할 수 있는 일은 아이들의 삶을 결정해 주는 것이 아니라, 삶의 선택지를 제공하는 일이다. 결핍 욕구를 추구하며 살아가는 삶이 있는 반면 성장 욕구를 추구하는 삶도 있음을 보여주고 체험하게 해 주어야 한다. 적어도 12년간의 학교 교육 기간이 자아실현으로 가는 통로인 아이들의 잠재력을 확인해 볼 수 있는 민감하고도 결정적인 시기이다. 학교 이전의 성장과정이 더욱 중요하기도 하지만, 그 과정이 성공적이었다는 보장이 없다면, 학교 교육 기간은 더욱 절박한 발달 시기가 된다.

이제 우리는 그동안의 우리의 교육적 선택을 되돌아볼 때가 되었다. 우리 아이들의 삶은 그들에게 주어지는 교육적 경험에 의해 결정된다. 자신의 교육적 경험을 누가 선택하는 것이 정당하겠는가? 이제 우리 아이들에게 그 선택권을 돌려주어야 한다. 우리 아이들이 어느 누구 하나라도 결핍에 시달리고 있지는 않은지 확인할 필요가 있다. 아침 식사를 그른 아이는 없는지, 잠자리가 불안한 아이는 없는지, 우정을 나눌 상대는 있는지, 자신의 존재가 소중하다는 것을 믿지 않고 있는 아이는 없는지 확인해야 한다.

그리고 가끔씩은, 좀 더 자주, 우리 아이들에게 돈이 많지 않아도 행복해질 수 있다고 말해주자. 지위가 높지 않아도 멋있는 삶을 살 수 있다고 이야기해 주자. 그런 삶을 살아간 인류의 조상들과 우리의 이웃들도 소개해 주자. 우리 아이들이 더 이상 결핍과 이로 인한 경쟁의 두려움 속에 갇히지 않고 자기를 표현하면서 성장할 수 있는 자유를 누리게 해 주자. 우리 아이들이 어떤 성장 욕구를 가지고 있는지 관심을 가지자. 어떻게 하면 우리 아이들이 자신의 잠재력을 찾아 키울 수 있을지 궁금해 하자. 그리고 이러한 일들을 학교에 요구할 때가 되었다. 학교가 이 일을 할 수 있는지 물어보자. 우리 선생님들이 이 일을 시작할 준비가 되어 있는지도 물어보자. 학교와 선생님들이 이 일을 성공적으로 수행하게하기 위해 가정과 사회가 무엇을 함께 해야 하는지도 확인해 보자. 이런 일들을 위해 국가는 무엇을 하고 있고, 해야 하는지에 대해서도 관심을 가지자.

제도가 사람을 이리 저리 움직이게 하지만, 사람 또한 제도를 이렇게도 저렇게도 운영되게 한다. 일이 제대로 되지 않고 문제가 생기면 제도 탓이기도 하고 사람 탓이기도 하다. 그러나 사고력이 부족하여 불합리하고 인성이 부족하여 비도덕적인 사람들이 사는 사회에서 합리적이고 도덕적인 결과를 만들어내는 그런 제도가 있을 수 있는지 의문이다. 상황 개선을 위하여 단기적으로는 제도적 처방과 함께 해야 하지만, 끊임없는 제도 혁신의 시행착오를 종결시키기 위해서도 장기적인 시각에서 사람을 키우는 일을 최우선으로 해야만 한다. 사람이 세상을 만들고, 세상이 사람을 만든다. 사회가 학교를 만들고, 학교가 사회를 만든다.

14. 교육의 전제 조건에 대한 추가적인 검토

교육이라는 활동이 존재하기 위해서 전제되어야 하는 적어도 세 가지의 조건이 있다. 교육 대상자들의 미성숙, 그들의 잠재력, 그 잠재력의 개발 가능성이다. 교육의 첫 번째 전제 조건은 학생의 미성숙함이다. 인간이 그 끝을 알 수 없는 잠재적 가능성을 가지고 있지만 어떤 다른 동물보다도 미숙한 상태로 태어나 요람에서부터 무덤까지 평생 동안 발달해 간다. 이 성장 과정은 인간 유기체가 지닌 유전적 특성의 자연스런 발육에 의해 이루어지는 성숙과 함께 교육이라는 계획된 환경에 의해 진행된다. 교육 대상자들이 미성숙하지 않고 이미 성숙해 있다면 발달을 도우는 교육 활동을 계획할 이유가 없다. 교육은 아이들이 미성숙한 상태에 있다는 전제에서 출발한다. 다시 말하면 우리 아이들이 성숙한 상태에 있다고 전제해서는 안 된다는 의미이기도 하다.

학생들은 미성숙한 상태로 학교에 와서 교육을 받고 바람직하게 성장하기를 원한다. 이 학생들을 이미 인성이 갖추어져 있고, 사고력이 형성되어 있고, 무엇이든지 잘하는 아이들로 간주해서는 안 된다. 그런 아이들은 교육의 대상이 아니다. 인성이든 사고력이든 무엇이든 부족한 아이들이 교육의 대상이 되고, 교육의 가장 기본적인 전제 조건이 된다. 교사의 입장에서 본다면, 학생들의 미성숙이나 나쁜 점이 교사 존재의 전제 조건이 된다. 공부 못하는 학생이나 문제 학생이 없다면 교육과 교사가 왜 필요하겠는가? 교육의 장에서는 모르는 것, 부족한 것, 나쁜 것조차도 무시당해서는 안 된다.

두 번째로, 인간의 잠재력이 무한한 것처럼 학생의 잠재력은 무한하다. 잠재력의 존재를 가정하지 않고 교육을 이야기할 수 없다. '교육이란 학생들의 잠재력을 개발하는 활동이다'라고 말할 수 있는 것과 같이 잠재력은 교육의 정의를 구성하는 핵심적인 요소이다. 학생들의 잠재력이 교육의 전제 조건이라는 말을 다른 측면으로 보면 어떤 아이의 어떤 가능성도 무시되어서는 안 된다는 의미이기도 하다. '이 아이는 안 돼', '구제불능이야' 이런 이야기는 교육을 하지 않겠다는 이야기와 같다. 학교에서 안 되는 학생, 구제불능인 학생은 없다. 그러나 사실상 어떤 잠재력이든 누구에게나 있는 것처럼 이야기되지만, 그래서 교육을 통해 그것을 개발하기를 기대하고 있지만 현실적으로 이것은 사실이 아니다. 모든 학생들이 다 전인적으로 훌륭하게 성장하기를 기대하기는 어렵다.

이 세상에 존재하는 모든 것들이 자연 상태에서 분포하는 일반적인 방식을 그린 그림을 정상 분포 곡선이라 한다. 이 정상 분포 곡선으로 보면 평균값에 해당하는 사례가 가장 많이 존재하고, 평균값으로부터 좌우로 멀어질수록 적어진다. 아주 큰 값과 아주 작은 값을 가지는 것은 아주 적다. 학생들의 잠재력도 이 세상에 존재하는 하나의 특성으로 본다면, 이것의 분포 방식 또한 정상 분포 곡선의 경향을 따를 것이다.

어떤 잠재력을 소지하고 있는지의 여부 그리고 특정한 잠재력의 강도가 학생들 간에 분포하는 방식이 정상 분포를 이룰 것이다.

많은 분야, 여러 교과에 일정 수준 이상의 잠재력을 가지고 있는 아이들이 있는 반면 어떤 교과에서도 일정 수준 이하의 잠재력을 가진 아이들도 있다. 그러나 적어도 우리는 어떤 학생이 분포 곡선의 어느 위치에 해당되는지를 모른다. 비록 특별히 미숙해 보이는 학생의 경우에도 발달의 시기가 다른 아이들보다 유난히 느린 개인차의 탓일 수 있다. 이 모름이 우리가 교육의 대상으로 하고 있는 대부분의 학생들이 적어도 특정한 교과 분야에 특정한 잠재력을 가지고 있을 것이라고 가정하는 것을 가능하게 한다. 잠재력을 개발하기 위한 최선의 노력을 실행한 이후가 아니면 누구도 학생들의 잠재력을 부정할 수 없다. 잠재력의 부정은 교육의 끝이다.

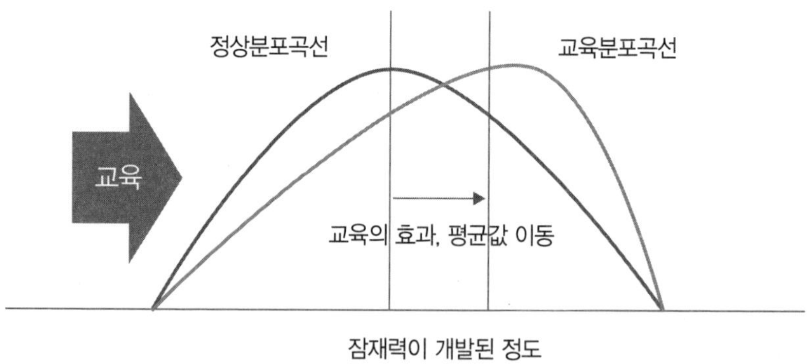

〈그림 14-1〉 교육을 통한 기대분포곡선 변형

현재로서는 미성숙하지만 우리 아이들에겐 잠재력이 있고, 이 잠재력을 개발하는 것이 가능하다고 믿는 것이 교육의 세 번째 전제 조건이다. 개발 가능하지 않다면 교육이 무슨 소용이겠는가? 이 조건 또한 미성숙과 잠재력에 대한 전제와 마찬가지로 믿음만으로는 실천적 의미를 가지지 못한다. 잠재력의 개발 가능성이라는 전제 조건이 교육의 실천 현장에 주는 의미는 가능하게 하는 힘의 원천을 학교와 교사가 제공해야 한다는 것이다. 누구도 개발하지 않거나, 개발하는 방법을 모른다면 이 전제 조건은 성립할 수 없다. 학생의 잠재력이 개발 가능하다는 교육의 전제 조건은 우리 사회와 학교와 교사가 학생의 잠재력을 개발할 수 있다는, 개발하는 방법에 대한 지식과 기술과 의지를 가지고 있다는 것을 의미한다. 이 전제 조건 또한 다른 조건에 대한 것과 마찬가지로 교육이 가능해지도록 잠재력 개발의 자원을 확보하라는 교육이 우리 사회에 주는 의무 사항이다. 교사가 잠재력 개발을 위한 지식과 기술을 가지고 있지 않다면, 그것을 실행할 의지를 가지고 있지 않다면 교육은 존재할 수 없다. 우리 사회가 미래의 교사에게 그런 지식과 기술을 제공해 주지 못한다면 교육은 존재할 수 없다.

그 무엇보다도 아는 것이 힘이다. 지식이 힘의 원천이다. 우리가 병으로 고통을 당하고 있는 것은 의학 지식의 부족 때문이듯이, 교육 문제와 사회 문제를 해결하지 못하고 있는 것은 교육과 사회 현상에 대한 지식의 부족 때문이다. 우리가 가진 지식의 불완전성 때문이다. 우리가 하는 모든 의도적인 행동은 선택된 것이고, 그 선택은 우리가 가진 정보에 기초한다. 정보와 지식이 더 많을수록, 더 정확할수록, 더 발전할 수 있다. 이런 원리로 교육에 관한 지식은 교육 발전의 원천이 된다. 학생의 행동 특성, 행동 특성의 변화 방법에 대하여 더 많이 더 정확하게 알수록 우리는 더 나은 교육적 효과를 이루어낼 수 있다.

우리가 교육하는 우리 아이들에 대하여, 우리 아이들이 경험하는 환경에 대하여 우리는 얼마나 많은 것을 알고 있는가? 교육을 주관하고 있는 우리 자신 그리고 우리 사회에 대해서는 얼마나 알고 있는가? 우리 아이, 우리, 우리 사회에 대하여 우리가 아는 것 이상의 교육적 효과는 기대하기 어렵다. 사실상 우리가 모르는 것이 너무 많다. 얼마나 모르고 있는지 조차 모른다. 안다고 하는 것도 얼마나 정확한 지식인지 확신하기 어렵다. 특히 이론과 실제는 다르다는 말도 있다. 알고 있는 지식을 구성하고 있는 이론이 실제와 다르다면, 이론대로 하는 교육이 학생에게 해로운 결과를 가져다 줄 수도 있다는 의미다. 그러나 항상 그런 것은 아니다. 사람의 행동에 대한, 사회적 현상을 설명하는 이론은 거의 언제나 실제와 다를 수도 있다. 하나의 예를 들어보자.

〈그림 14-2〉는 부모의 사회경제적인 지위와 자녀들의 학업 성취도와의 관계를 조사한 결과를 보여주고 있다. 그림과 같은 모양의 타원으로 학생들이 분포하고 있다면, 필요한 통

계 분석 결과를 기초로 하여, 이 연구는 '부모의 사회경제적인 지위가 높을수록 학생들의 학업 성취도는 높게 나타난다'는 결론을 내릴 것이다. 그림의 분포 상태로부터 짐작할 수 있지만 상당히 높은 수준의 통계적 신뢰도를 보증할 수 있을 것이기 때문에 우리는 이 연구의 결과로 설명되는 부모의 사회경제적 지위와 학생들의 학업 성취도와의 일반적인 경향인 긍정적 상관관계를 믿지 않을 수 없다.

그러나 이 동일한 그림 속에서 우리는 완전히 다른 현상들을 확인하게 된다. 부모의 지위가 같은 임의의(그림·예: 평균) 선과 학업 성취도가 같은 임의의 선을 그으면 4개의 사분면이 생긴다. 이 사분면에서 부모의 지위는 평균보다 낮으나 학업 성취도는 평균보다 높은 사분면(A 사분면)과 부모의 지위는 평균보다 높으나 학업 성취도는 평균보다 낮은 사분면(B 사분면)을 선택할 수 있다. 이 때 A 사분면에 위치하는 어떤 학생 a

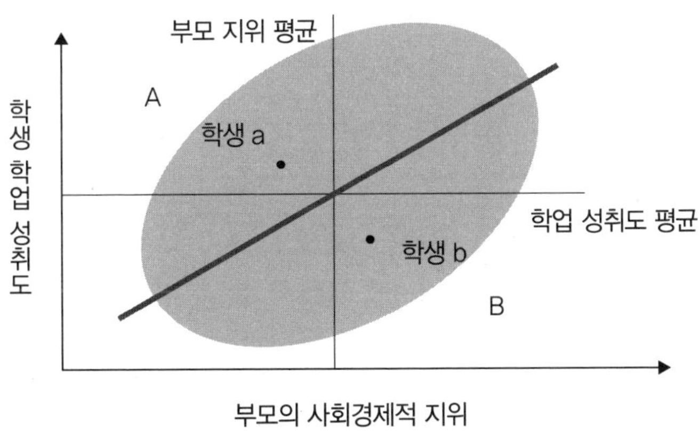

〈그림 14-2〉 이론과 실제의 차이

와 B 사분면에 위치하는 어떤 학생 b를 선택하든 우리는 학생 a와 학생 b 두 사람 간에는 연구의 결과로 도출된 부모의 사회경제적 지위와 학생의 학업 성취도의 일반적인 관계 경향이 성립되지 않는다는 실제 현상을 확인할 수 있다. 이 경우 우리는 이론(일반 경향)과 실제가 다르다고 할 수 있다.

그러나 이 이론이 틀렸다고 할 수 없다. 일반적인 경향은 그것대로 사실이고, 이 일반성과 다른 실제 사례도 그것대로 사실이다. 왜 이런 현상이 발생하는가? 만일 단 한 건의 예외도 없이 이론과 실제가 일치하고 있다면 조사 결과는 〈그림 14-2〉 상의 굵은 선으로 나타날 것이다. 그러나 현실은 타원형으로 분포한다. 사실상 부모의 사회경제적인 지위가 같은 학생들 간에도 학업 성취도 수준이 큰 폭으로 벌어지고, 이것이 일반적인 경향과 다른 실제 현상들을 만들어낸다. 이것은 학생들의 학업 성취도에 영향을 미치는 요인이 부모의 사회경제적 지위만은 아니라는 또 다른 사실 때문이다. 그리고 방법론적으로는 특정한 인간 행동과 사회 현상에 영향을 미치는 요인들을 연구의 틀 속에서 통제하기가 어렵기 때문이다. 실제와 다른 이론이 진실일 수 있고, 이론과 다른 실제도 존재할 수 있다는 것을 이해해야 한다. 그래서 보다 효과적인 교육을 하기 위해서 우리는 많은 이론을 알아야 하고 많은 실제도 알아야 한다.

우리가 해야 할 일은 기존 지식을 아는 것 뿐 아니라 추가적으로 필요한 지식을 생산하는 일도 해야 한다. 효과적인 교육 방안을 찾기 위해 우리가 발견해야 하는 지식들이 너무 많다. 무엇보다 학생의 행동 특성들을 이해할 수 있어야 한다. 전체 교육 현상을 원인과 결과의 관계로 설명할 수 있어야 한다. 교육 현상에 영향을 미치는 사회 현상의 인과 관계도 파악해야 한다. 우리의 무의식을 만들어낸 역사적 상황을 원인과 결과의 관계로 이해할 수 있어야 한다. 사실상 이런 이해와 설명을 가능하게 하는 정확한 지식을 생산하는 일은 참으로 어려운 일이다. 어떤 이론도, 어떤 주장도 난해한 인간의 행동과 복잡한 사회 현상을 완벽하게 설명해내기 어렵다. 특히 우리들 자신과 한국 사회에 대해서는 더욱 어렵다.

우리는 긴 역사와 함께 최근의 극단적으로 짧은 근·현대의 기간 동안 너무나 다양하고 심대한 환경의 변화를 겪었다. 교육의 예를 하나 들면 1920년대 일제 식민 기간 중 서당을 다니는 학생들의 숫자보다 소학교를 다니는 학생의 숫자가 많아졌고, 해방이 되기 전에 서당은 거의 사라졌다. 적어도 제도적인 측면에서는 교육적 전통이 단절되었다. 이미 우리는 정신적으로 단일 민족이 아닐 수도 있다. 서당적 사고와 행동을 하는 사람들과 현대 학교적 사고와 행동을 하는 사람들이 뒤섞여있다. 극단적인 유교적 권위주의에 사로잡힌 사람이 있고, 극단적인 개인적 민주주의를 주장하는 사람들이 있다. 그 사이에 다양한 혼합의 형태가 존재한다.

근·현대가 가져온 충격적 경험들은 우리 사회를 여전히 혼돈의 상태에 머물게 하고 있다. 대한민국이 하나의 사회 공동체로서 국민적 공감대를 형성하면서 안정된 사회 체제와 생활을 유지해 가는 일은 참으로 어려워 보인다. 교육이 이 문제를 해결하는 하나의 대안이기를 기대한다. 적어도 다음 세대는 지금 세대보다 더 안정되고 행복한 삶을 살게 하고 싶다. 교육을 상식으로 할 수 없고, 조금 알고 해서도 안 된다. 신이 주사위를 던지지 않았다면 왜 우리 교육에 문제 현상이 나타나는지, 그리고 어떻게 문제를 개선할 수 있는지에 대한 해답이 있을 것이다. 그 해답을 찾기 위해서 무엇보다 먼저 우리 자신을 알아야 한다. 우리 교육의 발전과 이에 기초한 우리 사회의 발전을 위하여, 우리를 알기 위한 연구를 꾸준히 해 나가야 한다.

엄상현(교육학박사, 단국대학교 교수)은 26년간 교육부 공무원으로 재직 후 현재 단국대학교 교육대학원 교수로 교육학 연구와 교원 양성에 이바지하고 있으며, 「매슬로 동기이론이 한국 인성 교육에 주는 시사점 분석」 등 다수의 논문을 발표하였다.

학교 만드는 **사회** 사회 만드는 **학교**

2017년 7월 20일 초판 발행
2017년 9월 20일 2 쇄 발행

지은이 _ 엄상현
펴낸이 _ 장호성
기 획 _ 이재석
제 작 _ 정진형
편 집 _ 성두현
마케팅 _ 박보혜
펴낸곳 _ 노스보스
등 록 _ 1968.2.27 : No. 제03-00095호
주 소 _ 경기도 용인시 수지구 죽전로 152
전 화 _ 031-8005-2405
팩 스 _ 031-8021-7154

값 10,000원

ISBN 978-89-7092-584-4 03370